essentials

essentials liefern aktuelles Wissen in konzentrierter Form. Die Essenz dessen, worauf es als „State-of-the-Art" in der gegenwärtigen Fachdiskussion oder in der Praxis ankommt. *essentials* informieren schnell, unkompliziert und verständlich

- als Einführung in ein aktuelles Thema aus Ihrem Fachgebiet
- als Einstieg in ein für Sie noch unbekanntes Themenfeld
- als Einblick, um zum Thema mitreden zu können

Die Bücher in elektronischer und gedruckter Form bringen das Fachwissen von Springerautor*innen kompakt zur Darstellung. Sie sind besonders für die Nutzung als eBook auf Tablet-PCs, eBook-Readern und Smartphones geeignet. *essentials* sind Wissensbausteine aus den Wirtschafts-, Sozial- und Geisteswissenschaften, aus Technik und Naturwissenschaften sowie aus Medizin, Psychologie und Gesundheitsberufen. Von renommierten Autor*innen aller Springer-Verlagsmarken.

Weitere Bände in der Reihe http://www.springer.com/series/13088

Thomas Göllinger

Energiewende in Deutschland

Plurale ökonomische Perspektiven

Springer Gabler

Thomas Göllinger
HTWG Konstanz, Konstanz, Deutschland

ISSN 2197-6708   ISSN 2197-6716   (electronic)
essentials
ISBN 978-3-658-34346-0   ISBN 978-3-658-34347-7   (eBook)
https://doi.org/10.1007/978-3-658-34347-7

Die Deutsche Nationalbibliothek verzeichnet diese Publikation in der Deutschen Nationalbiblio-
grafie; detaillierte bibliografische Daten sind im Internet über http://dnb.d-nb.de abrufbar.

Planung/Lektorat: Nora Valussi
Springer Gabler ist ein Imprint der eingetragenen Gesellschaft Springer Fachmedien Wiesbaden
GmbH und ist ein Teil von Springer Nature.
Die Anschrift der Gesellschaft ist: Abraham-Lincoln-Str. 46, 65189 Wiesbaden, Germany

Was Sie in diesem *essential* finden können

- Eine Darlegung der Idee und der Zielsetzung der Energiewende in Deutschland sowie des aktuellen Standes der Umsetzung;
- Unterschiedliche Blickwinkel auf Herausforderungen, Erfolge und Schwierigkeiten der Energiewende im Kontext verschiedener ökonomische Ansätze, insbesondere auch evolutorischer und systemischer Perspektiven;
- Übersicht zu den Konzepten der Sektorintegration und weiterer Phasen;
- Reflexion der deutschen Vorreiterrolle.

Vorwort

Obwohl mittlerweile eine Reihe von Publikationen zur Energiewende und ihren diversen Teilaspekten vorliegt, erscheint es mir notwendig, eine kurze Überblicksdarstellung aus einer pluralen Perspektive zu präsentieren. Seit vielen Jahren setze ich mich in Forschungs-, Beratungs- und Transferprojekten sowie in Lehrveranstaltungen und Vorträgen mit den Grundlagen, den unterschiedlichen politisch-gesellschaftlichen, sozioökonomischen, technologischen und ökologischen Facetten sowie einer ganzheitlichen Sicht auf die Energiewende auseinander. Vor diesem Erfahrungshintergrund ist dieser konzentrierte Text entstanden.

Er richtet sich an Lesende, die sich in ihrem beruflichen Umfeld mit Themen der Energiewende konfrontiert sehen, ebenso wie an Studierende und interessierte Laien, die sich mittels einer einführenden Übersicht zu diesem aktuellen und wichtigen Themenfeld orientieren wollen.

Zu danken habe ich neben meinem beruflichen Umfeld insbesondere meiner Familie sowie meiner Lektorin, Frau Nora Valussi, für die angenehme Betreuung dieser Publikation und ihre große Geduld, ob der pandemiebedingten Verzögerung bei der Fertigstellung.

Konstanz   Thomas Göllinger
im Frühling 2021

Inhaltsverzeichnis

Einleitung und Übersicht

Bei der „Energiewende" handelt es sich um einen längerfristigen politisch-gesellschaftlichen, sozio- und technoökonomischen Prozess, der zahlreiche Herausforderungen in unterschiedlichen Themengebieten mit sich bringt. So komplex und facettenreich die Thematik, so vielfältig sind die verschiedenen disziplinären und paradigmatischen Sichtweisen der wissenschaftlichen Akteure und Beobachter. Dabei wird es der Sache nicht gerecht, lediglich zwischen einer ökonomischen und einer nichtökonomischen Perspektive zu unterscheiden. Auch eher technologie-, politik- und ökologiezentrierte Positionen tangieren mehr oder weniger ökonomische bzw. politökonomische Fragen, diese werden jedoch i. d. R. in einem nichtökonomischen Fokus diskutiert.

Andererseits gibt es bei der fachökonomischen Diskussion dieser Fragen naturgemäß (entsprechend den verschiedenen Theorieschulen und Paradigmen) auch unterschiedliche Herangehensweisen und inhaltliche Positionen, die sich zum Teil beträchtlich voneinander unterscheiden und teils zu recht unterschiedlichen Politikempfehlungen führen. Neben dem üblichen industrieökonomischen Zugang, der in dieser Schrift kursorisch behandelt wird, stehen insbesondere institutionen- und evolutionsökonomisch-systemische Perspektiven sowie solche der Ökologischen Ökonomik im Zentrum der Betrachtungen. Vor diesem Hintergrund erfolgt die Diskussion einiger zentraler Aspekte der Energiewende.

Der Aufbau des Textes gestaltet sich wie folgt: Zunächst beleuchtet das 2. Kapitel die generellen Herausforderungen und politisch-ökonomischen Aspekte der Energiewende vor dem Hintergrund der komplexen Transformationsaufgabe und im Kontext anderer Transformationsprozesse. Es schließt sich eine

T. Göllinger, *Energiewende in Deutschland,* essentials, https://doi.org/10.1007/978-3-658-34347-7_1

Betrachtung bzgl. der Governance-Strukturen und einiger typischer institutionell-politischer Konfliktfelder an, sowie der Schwierigkeiten, eine langfristige Energiepolitik zu formulieren. Anhand der Probleme beim Kernenergie- und Kohleausstieg werden diese und weitere Aspekte konkret verdeutlicht.

Kap. 3 erläutert die verschiedenen Sichtweisen ökonomischer Ansätze im Kontext der Energie-, Ressourcen- u. Umweltproblematik. Im Zentrum stehen einerseits die traditionelle und andererseits die evolutorisch-systemische Sichtweise. Hierbei werden auch Pfadabhängigkeiten in verschiedenen Facetten sowie die ökonomischen und politischen Implikationen daraus diskutiert. Ebenso finden sich hier Betrachtungen zu den Herausforderungen eines lernenden Akteurssystems und der Herausbildung einer problemadäquaten Transformations-Kompetenz sowie weiterer politökonomischer Aspekte.

Die verschiedenen Phasen der Energiewende mit der Implementierung von entsprechenden Technologie-Plattformen stehen im Zentrum des 4. Kapitels. Erörtert werden zunächst die Notwendigkeit und die Möglichkeiten von weiteren Nutzungen brennstoffbasierter Varianten der Strom- und Wärmeversorgung. Es folgt die Darlegung der nächsten Phase der Energiewende mit der Herausforderung der Hybridisierung, Sektor-Kopplung und -Integration sowie des Bedeutungszuwachses des Stromsektors und der strombasierten Technologien in den Sektoren Raumwärme und Mobilität.

Schließlich erfolgt in Kap. 5, im Sinne eines Fazits, eine Reflexion der prinzipiellen Möglichkeiten und Grenzen für eine Vorreiterrolle Deutschlands bei der Energiewende. Hierbei kommen wieder verstärkt evolutorisch-systemische Aspekte zur Anwendung.

Idee, Ziele und Herausforderungen der deutschen Energiewende

2

2.1 Energiewende als politisch-ökonomische Transformation

Grundverständnis der Energiewende im Kontext weiterer Transformationsprozesse

Die Energieversorgung der industrialisierten Welt hat sich im Laufe der letzten Jahrhunderte mehrfach grundlegend verändert und weiterentwickelt, entsprechend den Anforderungen einer dynamischen Industriegesellschaft. Gegenwärtig befinden wir uns mitten im nächsten bedeutenden Strukturwandel bzw. in der nächsten Transformation.

„Energiewende" ist die populäre Bezeichnung für einen politisch initiierten und daher beschleunigt ablaufenden Strukturwandel im Bereich der Energieversorgung, hier speziell der deutschen. Innerhalb weniger Jahrzehnte (Zielhorizont ca. 2040–2060) soll die Energieversorgung in Deutschland weitgehend von den bisher dominierenden fossil-nuklearen auf regenerative Energieträger umgestellt und zugleich die Energieeffizienz beträchtlich gesteigert werden. Erklärte Ziele sind insbesondere die weitgehende oder gar vollständige Vermeidung von energiebedingten CO_2-Emissionen („Klimaschonung" bzw. „Klimaneutralität") und die Senkung des Primärenergieverbrauchs. Besonders ambitionierte Protagonisten fordern darüber hinaus gehend sogar eine negative Emissionsbilanz, also eine jährliche Netto-Entnahme von CO_2-Kontingenten aus der Atmosphäre („Klimapositivität").

Hierbei stellt sich für die Entscheider und handelnden Akteure die Frage nach den hierzu passenden Energie- und Technologieplattformen. Es geht also um zweckmäßige Kombinationen von Energieträgern mit den damit korrespondierenden

© Der/die Autor(en), exklusiv lizenziert durch Springer Fachmedien Wiesbaden GmbH, ein Teil von Springer Nature 2021
T. Göllinger, *Energiewende in Deutschland*, essentials, https://doi.org/10.1007/978-3-658-34347-7_2

Erzeugungs-, Umwandlungs- und Speichertechnologien, welche die Ziele des energiepolitischen Zielvierecks (Versorgungssicherheit, Wirtschaftlichkeit, Umweltverträglichkeit und soziale Verträglichkeit bzw. Akzeptanz) besonders gut erfüllen würden sowie um deren zweckmäßige, zeitlich gestaffelte Implementierung.

Eine solche grundlegende Veränderung der energiewirtschaftlichen Strukturen sieht sich mit mehreren großen polit-ökonomischen Herausforderungen konfrontiert:

1. Im Vergleich zu vielen anderen Wirtschaftsbereichen handelt es sich bei vielen Einrichtungen der Energieversorgung Großteils um sehr kapitalintensive Investitionen und damit um Sachkapital, das i. d. R. sehr lange genutzt wird und deshalb entsprechend langen Abschreibungs- und Kapitalbindungs-Zeiträumen unterliegt. Besonders im Sektor Stromerzeugung, mit der immer noch dominierenden Nutzung von fossilen und nuklearen Großkraftwerken, sind technische und wirtschaftliche Nutzungsdauern von 50 Jahren und mehr für bestimmte Kraftwerkstypen eher die Regel als die Ausnahme. Insbesondere Kohle- und Wasserkraftwerke sind im Hinblick auf solch lange Nutzungsdauern konzipiert. Zumindest in einigen Staaten gilt dies auch für Kernkraftwerke, deren technische und wirtschaftliche Nutzungsdauer z. B. in den USA, aber auch in Frankreich und der Schweiz, für bestimmte Varianten bis zu 60 Jahre ausgelegt ist, teils mit bereits entsprechend erteilten Nutzungsgenehmigungen für diese langen Zeiträume.

2. Solche langen Nutzungszeiträume stehen in einem deutlichen Kontrast zu den eher kurzlebigen politischen Entscheidungen bzw. Zielorientierungen von gewählten Parlamenten und Regierungen. Dass energetische Infrastrukturen die jeweilige Regierungsperiode von Politikern und Parteien weit überdauern, ist die Regel.

3. Aus systemischer Perspektive sind energiepolitische Entscheidungen nationaler Regierungen daher eher träge Elemente, die erst mittel- und langfristig eine größere Wirkung auf das Energiesystem entfalten. Kurzfristige, zumeist stimmungsgetriebene politische Initiativen entfalten daher häufig nicht die erwünschte Wirkung, oftmals sind sie sogar kontraproduktiv.

4. Auch die Geschwindigkeit, mit der sich neue Technologien in den jeweiligen Märkten verbreiten, ist in der Energiebranche im Allgemeinen und dem Stromsektor im Besonderen vergleichsweise moderat (Marchetti 1980), dies gilt insbesondere im direkten Vergleich mit der IT-Branche. Insofern handelt es sich bei der Energiewirtschaft um eine Branche mit vergleichsweise langen Innovations- und Investitionszyklen.

5. Eine Besonderheit der Stromversorgung ist deren Erfordernis zur umfassenden Versorgungssicherheit. Zu jedem beliebigen Zeitpunkt müssen Stromnachfrage und Strombereitstellung in Übereinstimmung gebracht werden können, ansonsten drohen Versorgungsengpässe bzw. Stromausfälle mit den entsprechenden Folgekosten. Die verantwortlichen Akteure müssen durch die Errichtung und Vorhaltung genügend großer Erzeugungs-, Speicher- und Übertragungs-Kapazitäten für eine ausreichende Stabilität des Stromsystems sorgen.

Aus ökonomischer Sicht geht es bei der Energiewende um die aktive Gestaltung eines energiewirtschaftlichen Strukturwandels. Prinzipiell tangiert dies sowohl ordnungspolitische als auch energieökonomische Fragen. Auch Innovationsprozesse in der Energiewirtschaft unterliegen dem Phänomen der Pfadabhängigkeit; dies verhindert eine schnelle und friktionsfreie Transformation. Die etablierten fossil-nuklearen Energie-Infrastrukturen haben einen hohen Stand der Anwendungsreife, der Erfahrung und damit auch eine günstige Kostensituation erreicht; zumindest, wenn man die externen Kosten ausblendet. Dagegen sind die Erneuerbaren Energien zumeist noch in einer relativ frühen Phase ihrer Entwicklung und Anwendung; sie haben daher im direkten Vergleich ökonomische Nachteile gegenüber den etablierten Energien und benötigen eine besondere Förderung.

Innerhalb des Megatrends Nachhaltigkeit bzw. „Sustainability-Transformation" stellt die Energiewende ein zentrales Kernelement dar. Zu diesem Trend gehören parallel weitere Entwicklungsfelder einer Green Economy, z. B. Verkehrs-, Stadt-, Industrie- oder Ernährungswende, zwischen denen jeweils Interdependenzen bestehen. Gleichzeitig lassen sich weitere Megatrends, z. B. im Gesundheitssektor, sowie andere gesellschaftlich relevante Themen in der Gegenwart identifizieren; darüber hinaus aber auch für die Zukunft prinzipiell postulieren, die aktuell noch nicht konkret bekannt sind (vgl. Abb. 2.1).

Für oberflächliche Beobachter und Kommentatoren der Energiepolitik beginnt die Energiewende in Deutschland mit dem erneuten (also zweiten) Kernenergie-Ausstiegsbeschluss der schwarz-gelben Bundesregierung von A. Merkel im Jahre 2011. Schon für die politische Markierung der Einleitung einer Energiewende muss man aber mindestens bis zur Jahrtausendwende zurückgehen, als die rot-grüne Bundesregierung unter Bundeskanzler Schröder den ersten Kernenergie-Ausstiegsbeschluss und mit dem novellierten EEG die Förderung Regenerativer Energien (REG) durch eine kostendeckende Einspeisevergütung und Vorrangprivilegien auf den Weg brachte.

Den damaligen politischen Maßnahmen gingen bereits seit gut 20 Jahren entsprechende Forschungen, Publikationen und Diskussionen voraus, die eine Energiewende forderten und begründeten sowie mehr oder weniger plausibel deren

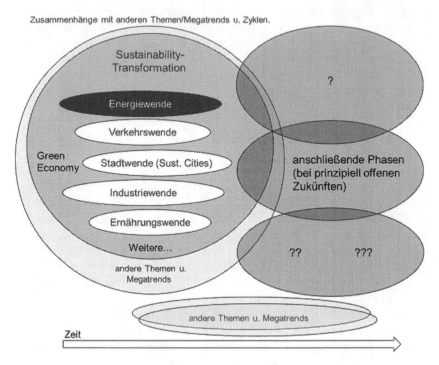

Abb. 2.1 Die Energiewende im Kontext anderer Themen und Megatrends. (Quelle: Göllinger/Gaschnig 2016)

Machbarkeit aufzeigten. In den Köpfen von alternativen Wissenschaftlern und engagierten Bürgern begann die Energiewende bereits in den 1970er Jahren, als Reaktion auf die beiden Ölpreiskrisen, die zunehmende Umweltverschmutzung und den massiven Ausbau der Kernenergie.

Aus der Vielzahl an Materialien lassen sich einige besonders wichtige Publikationen herausfiltern, die als Gründungs-Dokumente der Energiewende gelten können:

- Amory B. Lovins: Soft Energy Paths. Toward a durable Peace. San Francisco (CA) 1977; (deutsche Ausgabe: Sanfte Energie. Das Programm für die energie- und industriepolitische Umrüstung unserer Gesellschaft. Reinbek bei Hamburg 1978).

- Frederic Vester: Das Ei des Columbus. Ein Energiebilderbuch. München 1979. / Neuland des Denkens. Vom technokratischen zum kybernetischen Zeitalter. Stuttgart 1980.
- Florentin Krause, Hartmut Bossel und Karl-Friedrich Müller-Reissmann: Energie-Wende. Wachstum und Wohlstand ohne Erdöl und Uran; ein Alternativ-Bericht des Öko-Instituts. Freiburg 1980.
- Amory B. Lovins/L. Hunter Lovins/Florentin Krause/Wilfrid Bach: Least-Cost Energy – Solving the CO_2-Problem. Andover (MA) 1981; (deutsche Ausgabe: Wirtschaftlicher Energieeinsatz – Lösung des CO_2-Problems. Karlsruhe 1983).
- Arbeitskreis Alternativenergie Tübingen (Hrsg.): Energiepolitik von unten. Für eine Energie-Wende in Dorf und Stadt. Frankfurt a. M. 1982.

Je nach Sichtweise können somit die wahrnehmbaren Anfänge der Energiewende auf die Jahre zwischen 1975 und 1985 datiert werden. Ebenfalls abhängig von der Sichtweise wird die (weitgehende) Vollendung der Energiewende für die Zeit zwischen 2040 und 2060 angestrebt. Insofern befinden wir uns aus der zeitlichen Perspektive aktuell ungefähr zur Halbzeit der Energiewende (2015 bzw. 2020).

Governance-Herausforderungen
Entgegen noch häufig verbreiteter naiver Vorstellungen gibt es für die politische Steuerung des Energiesystems und damit der Energiewende keine zentrale Steuerungsinstanz. Vielmehr handelt es sich dabei um ein komplexes Zusammenspiel unterschiedlicher Funktions- und Akteurssysteme mit jeweils eigenen Problemsichten, mentalen Modellen, Lösungsoptionen, Interessen und Anreizen sowie Interaktions- u. Kooperationsabsichten.

Auf nationalstaatlicher Ebene ergibt sich ein Governance-Akteurssystem mit vier Ebenen bzw. Teilsystemen, die wechselseitig miteinander interagieren: 1. Politisches System der wettbewerblichen Demokratie; 2. Koordinationsmechanismen staatlicher Institutionen (in Deutschland das Mehrebenensystem); 3. Wettbewerbliche Märkte; 4. Zivilgesellschaftliche Selbstorganisation der Bürgergesellschaft (siehe Abb. 2.2).

Die politische Konzeption der Energiewende ergibt sich aus häufigen Ad-hoc-Entscheidungen, mehr oder weniger zufälligen Reaktionen auf externe Impulse und einem langwierigen Suchprozess mit zahlreichen Hemmnissen und Widersprüchen; es liegt also kein durchgestyltes Konzept zugrunde. Kurz: es handelt sich um ein typisches langfristiges Transformationsprojekt. Besonders die deutsche Energiepolitik leidet an der Kurzfristorientierung des politischen Systems. Dieses hat zu viele unharmonische oder gar fehlangepasste und dysfunktionale Regulierungen bzw. ordnungspolitisch problematische Fehlkonstruktionen mit sich gebracht.

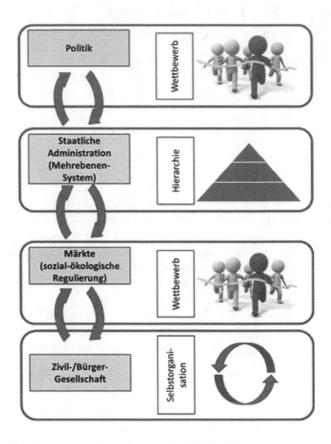

Abb. 2.2 Das Governance-Akteurssystem. (Quelle: Eigene)

Energiepolitik ist mehr oder weniger eng mit einigen anderen Politikbereichen verflochten, sodass eine Vielzahl gegenseitiger Interdependenzen besteht. Es liegt in der Natur demokratischer Regierungssysteme, dass sich die in der Gesellschaft vorzufindenden unterschiedlichen Bewertungen politischer Sachverhalte auch in verschiedenen politischen Programmen von Parteien und, zumindest in abge-schwächter Form, auch in deren jeweiligem Regierungshandeln finden. „Muddling Through" (Lindblom 1959) ist in der Demokratie die Regel, nicht die Ausnahme, zumal im Kontext moderner Governance-Regime.

Selbst wenn es keine unterschiedlichen politischen Vorstellungen von einer „richtigen" Energiepolitik gäbe und die politischen Akteure weitgehend der ordnungspolitischen Konzeption der Mainstream-Energie-Ökonomik folgen würden, kann es zu politischen Korrektur- und strukturellen Anpassungsbedarfen aufgrund der Rezeption neuer wissenschaftlicher Erkenntnisse kommen. Denn keineswegs waren die heute mehr oder weniger weitgehend verbreiteten und akzeptierten Erkenntnisse der umwelt- und energieökonomischen Theorie bereits in ihrer vollen Ausprägung auch schon vor 30 Jahren bekannt. Entsprechendes gilt auch weiterhin für zukünftige Erkenntnisse.

Generell haben die politischen Institutionen die Komplexität der Transformationsaufgabe lange Zeit nicht erkannt und entsprechend mit unterkomplexen Vorstellungen von Transformation und Steuerung operiert. Immerhin ist diese Erkenntnis bereits vor einigen Jahren auch bei der seinerzeitigen Bundesregierung angekommen:

> „Wir haben in Deutschland ein weltweit einmaliges Experiment begonnen, nämlich die Transformation unserer Energieversorgung vom fossilen und nuklearen Zeitalter in das Zeitalter erneuerbarer Energien. Keine Frage, wir sind ... in diesem Bereich sehr erfolgreich auf dem Weg. Zur Wahrheit gehört aber auch, dass wir die Komplexität der Herausforderungen unterschätzt haben."[1]

Unklar ist allerdings noch, welche Schlussfolgerungen die politischen Akteure aus dieser Erkenntnis ziehen und auf welche Weise man gedenkt, sich auf die tatsächliche Komplexität dieser anspruchsvollen Aufgabe einzulassen.

Auf Regierungsebene zeigt sich der institutionell-politische Konflikt in der Energie- u. Klimapolitik traditionell besonders in den sehr unterschiedlichen Orientierungen von Wirtschaftsministerium einerseits u. Umweltministerium andererseits (siehe Abb. 2.3). Dort konkurrieren unterschiedliche Paradigmen bzgl. der generellen Ausrichtung der Energiepolitik miteinander. Entsprechend resultiert daraus ein Gesetzesrahmen für die Energiewirtschaft, der durch eine Reihe von Dysfunktionalitäten gekennzeichnet ist und dadurch zu Planungsunsicherheiten und Fehlanreizen führt.

Wünschenswert wäre zwar ein größerer politischer Konsens („Energie- und Klimafrieden")[2] bzgl. der Hauptlinien der Energie- und Klimaschutzpolitik. Andererseits besteht aber auch die Gefahr, dass die so, zumindest indirekt, deklarierte

---

[1] Aus der Rede des damaligen Bundesministers für Wirtschaft und Energie, Sigmar Gabriel, zum Haushaltsgesetz 2014 vor dem Deutschen Bundestag am 10. April 2014 in Berlin.
[2] Analog zum „Schulfrieden" im Feld der Schulpolitik.

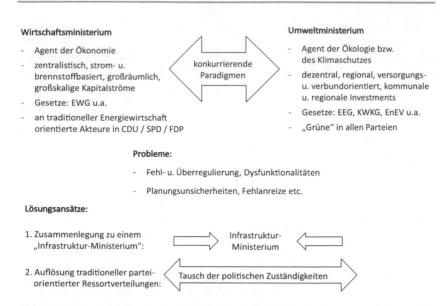

Abb. 2.3 Beispiel für institutionell-politischen Konflikt in der Energie- u. Klimapolitik. (Quelle: Eigene)

„Alternativlosigkeit" der politischen Maßnahmen über die etablierten Parteigrenzen hinweg, nicht nur wegen ihrer konkreten Inhalte, sondern gerade aufgrund der erklärten Alternativlosigkeit auf verstärkte Ablehnung bei einem Teil der Gesellschaft stößt. Denn dies wäre geradezu Wasser auf die Mühlen von Anti-Öko- bzw. Anti-Klimaschutz-Populisten, die grundsätzlich erhebliche Zweifel an der gesamten Ausrichtung der Klimaschutz- und Energiepolitik äußern bzw. die Notwendigkeit eines Klimaschutzes überhaupt bezweifeln und die daher die konkrete eigene Kritik an und zu diesem speziellen Politikfeld zum willkommenen weiteren Anlass einer generellen politischen Systemkritik missbrauchen. Spiegelbildlich hierzu finden sich auf der Gegenseite Öko-Populisten, die einen parteiübergreifenden „Klimakonsens", der vernünftigerweise auch die entsprechenden Problemlagen und Interessen der Wirtschaft sowie der Konsumenten bzw. Energieverbraucher angemessen adressiert, als vermeintlich weiteren Beleg für die „kapitalistische und konsumistische Verschwörung" gegen „das Klima" und die „Ärmsten der Armen" missdeuten. Solche Populismus-Tendenzen und die davon ausgehenden Gefahren sind bei der energiepolitischen Konsensfindung adäquat zu berücksichtigen.

2.2   Handlungsfelder und Orientierungen

Primärenergieverbrauch als ökonomischer und ökologischer Schlüssel-Indikator
Als wichtiger Schlüssel-Indikator für die energetischen Verhältnisse einer Volkswirtschaft und daher auch als Grundlage für energiepolitische Entscheidungen dient der Primärenergieverbrauch; aus diesem lassen sich weitere Indikatoren ableiten. Dabei unterliegt der Indikator einem Wandel in zwei verschiedenen Dimensionen:

1. **Höhe und Struktur des Primärenergieverbrauchs an sich:**
   Der Primärenergieverbrauch (PEV) unterliegt sowohl quantitativ (also bzgl. der Menge des Energieeinsatzes) (siehe Abb. 2.4) als auch qualitativ (bzgl. der jeweiligen Anteile der verschiedenen PE-Träger) dem Wandel der Zeiten. Die PEV-Entwicklung seit 1950 erfolgt bisher in drei unterschiedlichen Phasen (jeweils unter konjunkturellen Schwankungen):

   a) 1950–1980: starker Anstieg;

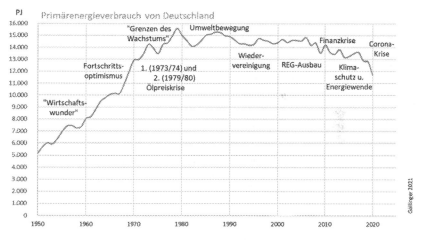

Abb. 2.4   Entwicklung des Primärenergieverbrauchs von Deutschland[3]. (Quelle: Eigene)

---

[3]Datenquellen: diverse Statistiken von AG Energiebilanzen, BMWi, UBA sowie eigene Berechnungen.

b) 1980–2010: weitgehende Stagnation;
c) Seit 2010: moderate jährliche Abnahme.

Der Übergang von einer Phase zur jeweils nächsten ist als größerer Struktur-wandel und Trendbruch zu deuten, begleitet von bestimmten energiepolitischen, ökonomischen und technologischen Entwicklungen. Letztlich spiegeln sich in diesem Verlauf auch die längerfristig wirkenden gesellschaftlichen und politi-schen Trends sowie die diversen Krisen und „externen Schocks", die zugleich von den mittelfristigen konjunkturellen und kurzfristigen Witterungs-Bedingungen überlagert werden. In Abb. 2.4 sind einige dieser länger- und mittelfristig wirksamen Trends und Ereignisse seit 1950 als Stichworte benannt.

Aus der Zielperspektive sind sehr unterschiedliche Grade der Zielerreichung zu verzeichnen.[4] Gemessen an den eher moderaten Senkungen des PEV im ver-gangenen Jahrzehnt, erscheinen die politischen Zielmarken für den zukünftigen PEV (2030: ca. 10.000 PJ; 2050: ca. 7000 PJ) recht anspruchsvoll. Die Ziel-marke für 2020 (ca. 11.500 PJ) wurde nur aufgrund des pandemiebedingten Konjunktureinbruchs fast erreicht. Dies gilt analog für die (leicht übermäßige) Zielerreichung bei der Reduktion der Klimagase, auch der energiebedingten.

Bzgl. der Struktur des PEV ist zu bemerken, dass sich der Einsatz von Kohle im Jahr 2020 gegenüber 1990 bereits um ca. 2/3 vermindert hat; dagegen ist der Anteil erneuerbarer Energieträger beträchtlich gestiegen und übertrifft inzwi-schen mit ca. 2.000 PJ den Energieträger Kohle. Auch dies ist noch stark ausbaubedürftig, um die fossilen Energieträger weitgehend durch regenera-tive zu ersetzen. Insofern sind zukünftig nochmals verstärkte Bemühungen zur Erreichung der quantitativen und qualitativen deutschen PEV-Ziele erforder-lich. Insbesondere beim Umstieg auf erneuerbare Energien gibt es zwischen den drei Sektoren für das Jahr 2020 erhebliche Unterschiede: Stromsektor 45,4 %, Wärmesektor 15,2 % und Verkehrssektor 7,3 %.

Der relativ hohe Anteil erneuerbaren Stroms ist weitgehend auf die Förde-rung regenerativer Erzeugungskontingente durch das EEG zurückzuführen. Die „kostendeckende" Einspeisevergütung für EE-Strom hat zwar einerseits hohe Investitionen in diese Technologien angereizt, andererseits aber auch hohe zusätzliche Kosten von inzwischen über 200 Mrd. Euro für die Stromwirt-schaft mit sich gebracht, die als EEG-Umlagen an die Energieverbraucher

---

[4]Bzgl. der Datenquellen für diese Abschnitte ist ebenfalls auf die jeweils aktuellen Berichte und Übersichten der AG Energiebilanzen, Agora-Energiewende, BMWi und UBA zu verweisen.

weitergereicht wurden. Dadurch haben sich die Strompreise und damit die Strom-
rechnungen für die Stromverbraucher beträchtlich erhöht; für Privathaushalte auf
das Doppelte seit dem Tiefpunkt im Jahr 2000.

2. **Die Bedeutung bzw. Interpretation des Indikators PEV für energiewirtschaftliche Analysen:**
In Übereinstimmung mit dem noch mindestens bis weit in die 1970er Jahre die
Wirtschafts- und damit auch die Energiepolitik dominierenden Fortschritts- und
Wachstumsparadigma wurde der Anstieg des PEV zunächst überwiegend positiv
gesehen, weil dieser in erster Linie als Indikator für wirtschaftliche Prosperität
und gesellschaftlichen Wohlstand interpretiert wurde (Motto: „Die Schlote müssen rauchen"). Erst die diversen gesellschaftspolitischen Entwicklungen in den
1970er Jahren, mit dem Aufkommen von Umweltbewegung und Wachstums-
kritik, rückten das Bewusstsein für die Endlichkeit fossiler Energieressourcen
und die negativen ökologischen Auswirkungen ihrer Nutzung zunehmend in den
gesellschaftlichen, politischen und wissenschaftlichen Fokus. Damit einher ging
dann eine zunehmende Neuinterpretation des PEV als eine auch ökologisch relevante Größe, deren weiterer Anstieg möglichst in engen Grenzen zu halten oder
zu vermeiden sei und die zumindest mittel- bis langfristig gar gesenkt werden
sollte.

Beim PEV handelt es sich somit um eine hochaggregierte Größe, die zur genaue-
ren Charakterisierung der energiewirtschaftlichen und ökologischen Zusammenhänge einer Ergänzung um weitere Indikatoren bedarf. In Betracht kommen z. B.
folgende: End- bzw. Nutzenergiebedarf, energiebedingte Klimagasemissionen,
gesamtwirtschaftliche Primär-, End- u. Nutzenergie-Intensität, Stromintensität
etc. Beim deutschen Primärenergieverbrauch ist seit einigen Jahrzehnten eine
relative Entkopplung bzgl. der Entwicklung des Bruttoinlandsproduktes (BIP)
zu beobachten. Zwischen 1950 und 2000 erfolgte eine Steigerung des Bruttoin-
landsprodukts um das sechsfache, während sich der Primärenergieverbrauch in
dieser Zeit lediglich verdreifachte. Dieses Maß an relativer Entkopplung bedeutet eine Halbierung der Energieintensität während dieser Zeitspanne (Göllinger
2012, S. 94).

Zu Bedenken ist, dass die Verminderung des PEV und korrespondierend hierzu
eine weitere Senkung der Energieintensität in den letzten Jahren in erster
Linie auf der Substitution von Stromkontingenten aus Kern- u. Kohlekraftwerken durch Strom aus PV und Windkraft beruht. Dies ist eine Konsequenz
des prinzipiell unterschiedlichen Charakters von Energieumwandlungen auf der
Grundlage von explizit eingesetzten Brennstoffen (wie im Falle von Kern- u.
Kohlekraftwerken) einerseits und auf der Grundlage von Nutzungen ohnehin

vorhandener Energiepotenziale andererseits (wie im Falle von Sonnen- u. Windenergie). Im ersten Fall besteht der Primärenergieeinsatz für ein bestimmtes Stromkontingent aus den eingesetzten Brennstoffen und liegt damit je nach Wirkungsgrad der Umwandlung in Kraftwerken erheblich über der erzeugten Strommenge (z. B. Faktor Drei bei Kern- u. älteren Kohlekraftwerken oder bei Gasturbinen). Im zweiten Fall wird der Primärenergieeinsatz mit der erzeugten Strommenge gleichgesetzt. Konkret vermindert dann der Ersatz einer Megawattstunde Kernenergiestrom durch PV-Strom den PEV um zwei Megawattstunden. Somit sind die aktuellen Effizienzsteigerungen im deutschen Energiesystem also hauptsächlich auf die Verminderung von Verlusten im Umwandlungsbereich zurückzuführen; sie resultieren letztlich aus einer Kombination von Substitution der fossil-nuklearen durch erneuerbare Optionen und den statistischen Konventionen bei deren Bilanzierung.

In Deutschland entfallen ca. 40 % des Nutzenergiebedarfs auf niedrigexergetische Niedertemperaturwärme (Heizwärme und Warmwasser), ca. 20 % auf Hochtemperaturwärme (Prozesswärme); hochexergetische Anwendungen (mechanische Energie (ca. 40 %) und stromspezifische Anwendungen (ca. 2 %)) machen nicht einmal die Hälfte des Nutzenergiebedarfs aus. Dagegen zeigt das Exergieprofil der eingesetzten Primärenergieträger einen wesentlich höheren Anteil hochwertiger Energieträger. Bei der auch derzeit immer noch weitgehend fossil-nuklearen Energiewirtschaft liegt also eine beträchtliche Fehlanpassung der Exergieprofile von Nutzenergiebedarf und Primärenergieeinsatz vor, die auf eine Vergeudung der knappen hochwertigen Energieträger hinausläuft. In der Verminderung dieser Fehlanpassung besteht ein wirksamer Hebel zur Steigerung der exergetischen Effizienz des Energiesystems (Göllinger 2021a).

Ebenfalls von hoher Wichtigkeit ist die Steigerung der energetischen Effizienz der Energieumwandlungskette, insbesondere durch die Verminderung des Nutzenergiebedarfs. Dies gelingt zum einen durch den vermehrten Einsatz effizienterer Energiewandler in den Umwandlungs-, Transport-, Verteil- und Anwendungssektoren und zum anderen durch Effizienzsteigerungen bei der energetisch relevanten anwendungsspezifischen Infrastruktur, die benötigt wird, um Nutzenergie in die eigentlich erwünschte Energiedienstleistung (EDL) zu transformieren (Göllinger 2012, 2021b).

Besonders relevant ist dies bei der Bereitstellung von Niedertemperaturwärme zu Heizzwecken. Der vergleichsweise hohe Anteil am gesamten Nutzenergiebedarf und das hohe Maß an Verschwendung von Exergie einerseits sowie die prinzipiell zur Verfügung stehenden Alternativen andererseits, ermöglichen es, hohe Anteile des Nutzenergiebedarfs und damit auch des End- bzw. Primärenergieeinsatzes einzusparen bei gleichzeitiger Aufrechterhaltung des von den

Konsumenten erwünschten hohen Komfortniveaus. Ähnliche Entwicklungen sind auch bei anderen Nutzenergie-Anwendungen möglich, z. B. bei der industriellen Prozesswärme sowie bei den stromspezifischen Anwendungen, allerdings mit einem weit geringeren Einsparpotenzial als bei der Heizwärme.

Von harten und von sanften Pfaden der Energieversorgung.
Mit der zunehmenden Thematisierung von ökologischen Problemen der Energieversorgung während der 1970er Jahre war immer mehr auch die Kritik am vorherrschenden Fortschritts-Paradigma im Allgemeinen und den auf diesem basierenden wissenschaftlich-technischen und ökonomischen Konzeptionen der Energieversorgung im Besonderen verbunden. Die weitgehende Orientierung von Wissenschaft, Politik und Energiewirtschaft an nuklearen und fossilen Energieträgern sowie an großskaligen Kraftwerkskonzepten wie Kernkraftwerke und große Kohlekraftwerke aus Gründen der techno-ökonomischen und politischen Rationalität („fossil-nukleare Moderne") galt – durchaus zurecht – als „technokratische Hybris" und als eine sichtbare Manifestation des „fossil-nuklearen Komplexes". Man sprach deshalb vom „harten Pfad" der Energieversorgung. Diesem wurde von „alternativen" (sic!) Wissenschaftlern, Politikern und insbesondere auch Bürgern der „sanfte Pfad" gegenübergestellt. Plakativ sollte eine stärkere Berücksichtigung der originären Belange von Mensch und Natur im Zentrum der alternativen Energiepolitik stehen. Dies bedingte die Propagierung von „sanften" bzw. „alternativen" oder auch „mittleren" Technologien zur menschen- und naturverträglichen Nutzung der „erneuerbaren" Energien sowie von Konzepten für eine rationell-sparsame Energieverwendung.

Im Laufe des Zubaus großer Kontingente an regenerativen Stromerzeugungsoptionen, insbesondere Photovoltaik und Windenergie, und damit der Etablierung einer Regenerativen Energiewirtschaft (Forschungseinrichtungen, Produktions- und Installations-Unternehmen, Berater und Lobbyisten) entstand zunehmend auch ein „ökologisch- bzw. regenerativ-energieindustrieller Komplex". Viele maßgebliche Akteure dieses Komplexes haben mit der Zeit immer stärker das ökonomische Paradigma des „harten Pfades" übernommen; spiegelbildlich wurden dann auch die Argumente des „sanften Pfades" stark in den Hintergrund gedrängt. Diese Argumente waren und sind zwar nicht frei von teils problematischen öko-romantischen Vorstellungen bzgl. der anthropogenen Naturnutzung bzw. der Partnerschaft zwischen Mensch und Natur, sie enthalten aber einen wahren Kern. Der massive Ausbau regenerativer Energien, wohlgemerkt aus Gründen des Klimaschutzes, führt häufig zu neuen Konflikten im Bereich der Landschaftsökologie, des Natur-, Arten- u. Umweltschutzes sowie der Humanökologie. Zum traditionellen ökologisch-ökonomischen Konflikt ist daher zunehmend ein innerökologischer Konflikt hinzugetreten.

Neben Klimaschutz-Argumenten führen die REG-Akteure auch die üblichen ökonomischen Argumente an (Renditeerwartungen, Finanzierbarkeit, Arbeitsplätze etc.), um ihre Konzepte und Handlungsweisen zu rechtfertigen. Mit einer Orientierung am ursprünglichen „sanften Pfad" hat die heutige REG-Energiewirtschaft nur noch wenig zu tun. Vielmehr hat eine fundamentale Begründungsverschiebung stattgefunden: Die Technologien des „sanften Pfades" werden inzwischen weitgehend mit den Argumenten und Strategien des „harten Pfades" ausgebaut und verlieren dadurch ihren „sanften" Charakter.[5] Entsprechend regt sich mittlerweile gegen den weiteren undifferenzierten und großskaligen Ausbau des REG-Pfades in ähnlicher Weise zivilgesellschaftlicher Widerstand, wie seinerzeit gegen den Bau von Kernkraftwerken. Der offensichtlich vorhandene Grundkonflikt lässt sich nicht allein durch das „NIMBY-Phänomen" erklären.[6]

Erstaunlich ist, dass die REG-Akteure häufig in ähnlicher Weise auf die Kritik an ihrer Handlungslogik reagieren, wie die etablierte Energiewirtschaft in Zeiten des Baus von Kernkraftwerken. Insbesondere werden berechtigte ökologische Einwände gegen bestimmte Formen der regenerativen Stromerzeugung, z. B. große Windkraftanlagen an problematischen Standorten, häufig mit mehr oder weniger fadenscheinigen Argumenten zurückgewiesen. Diese inakzeptable und zudem kurzsichtige Argumentations- und Verhaltensweise schadet dem Image der Energiewende beträchtlich – deshalb lässt sich konstatieren: „die Energiewende-Revolution frisst ihre Kinder".[7]

Das Beispiel Biogas
Gänzlich aus dem Ruder gelaufen war zumindest zeitweilig die Erzeugung (mittels Biogasanlagen) und Nutzung von Biogas. Jordan kommt in seiner profunden Studie (2012) bzgl. der Einhaltung von Nachhaltigkeitskriterien in der Biogasbranche zu einem sehr ernüchternden Ergebnis. So wurde Biogas überwiegend aus Energiepflanzen (z. B. Mais) erzeugt, statt aus Rest- u. Abfallstoffen. Zudem war die ökologisch nachhaltige Produktion dieser Energiepflanzen kaum gesichert, denn es fand in erheblichem Ausmaß Bodenumbruch statt – teils unter Verlust ökologischer

---

[5]Jordan (2012, S. 550 ff.) kritisiert daher diese Variante des REG-Ausbaus zurecht als „Technische Ökologisierung".

[6]NIMBY – Akronym für „Not in my Backyard".

[7]Inspiriert von George Orwell ließe sich die Story von den einstigen Ökoenergie-Revolutionären und heutigen Rendite-Jägern auch gut als „Animal Energy-Farm" darstellen.

Schutzgebiete – und die überwiegend einjährige und monokulturelle Energiemais-produktion erfolgte i. d. R. unter hohem Einsatz von Agrochemikalien mit negativen Folgen für die Bodenfruchtbarkeit (Jordan 2012, S. 259).[8] Aufgrund der Ergebnisse seiner umfassenden Analyse der Biogasbranche fällt Jordan in seinem Fazit gar das harte Urteil, dass die größten Feinde der Großen Transformation ihre Freunde seien.

Mittlerweile wurden von der politischen Administration die Förderbedingun-gen und die Restriktionen für die Biogaserzeugung geändert, sodass zumindest die schlimmsten negativen ökologischen Begleiterscheinungen weitgehend abge-mildert wurden. Aufgrund der stark gesenkten Fördersätze bzw. Einspeisetarife ist es nun allerdings nur noch in wenigen Fällen möglich, mit neu errichteten Biogasanlagen einen wirtschaftlichen Betrieb zu erreichen. Entsprechend sind die Geschäftsmodelle der Branche gefährdet und Neuinvestitionen wurden stark reduziert.

Erfreulicherweise hat inzwischen auch die Biogasbranche selbst eine kritische Bestandsaufnahme ihrer Situation vorgenommen und mittels einer moderierten Sys-temstudie („System Biogas") unter Beteiligung maßgeblicher Branchenakteure die Voraussetzungen und Erfolgsbedingungen einer tragfähigen Zukunftsstrategie für die Branche erarbeitet (da Costa Gomez 2017; Wagener-Lohse 2017). Spät, aber vielleicht nicht zu spät, reagiert damit eine in der Kritik stehende Branche auf die veränderten gesellschaftlichen Rahmenbedingungen. Ähnliche Debatten gibt es um die Nutzung der Windkraft und der Geothermie (z. B. UBA 2012).

Herausforderungen für die Stromversorgung
Eine herausgehobene Rolle bei der Energieversorgung kommt dem Stromver-sorgungssystem zu. Aufgrund der besonderen Eigenschaften des Energieträgers Elektrizität ist ein hohes Maß an Stabilität, Zuverlässigkeit und Versorgungssicher-heit erforderlich. Ein temporärer Ausfall der Stromversorgung (Blackout) kann in den davon betroffenen Versorgungsbereichen zu erheblichen negativen Folgen füh-ren, je nach Ausmaß und Dauer. Nicht nur weil dann mehr oder weniger erhebliche Anteile der Energieversorgung wegfallen und zumindest die strombasierten Energie-anwendungen außer Betrieb gesetzt werden, sondern weil auch die auf den Betrieb mit Elektrizität angewiesenen Systeme der Kommunikations- und Automatisie-rungstechnik ausfallen können (je nach Absicherung mit Notstromversorgungen) und dadurch auch die damit verbundenen Produktionsprozesse sowie die nichtelek-trischen Energie- bzw. Versorgungssysteme (z. B. Gas- und Wasserversorgung). Ein solcher Stromausfall kann zu direkten Schäden bei Industrieanlagen und damit

---

[8]Der großflächige Maisanbau ist nicht nur ökologisch ein Problem, man spricht schon von „Maiswüsten", sondern auch landschaftsästhetisch.

zu indirekten Schäden in den anschließenden Wertschöpfungsketten führen sowie zu Schäden im Stromversorgungssystem selbst (Überlastung und Zerstörung von Betriebsmitteln wie Generatoren, Transformatoren, Schaltanlagen und Leitungen). Die gestiegenen Anforderungen aufgrund der sich zunehmend ändernden Anteile erzeugter Stromkontingente (mehr volatile REG statt rotierende Masse von großen Generatoren) treffen zugleich auf ein geringer belastbares Stromsystem, das seit der Strommarkt-Deregulierung und Liberalisierung (1998) stärker kostenorientiert konzipiert, installiert und betrieben wird und daher i. d. R. über geringere Reserven verfügt. So ist z. B. zunehmend der bidirektionale Betrieb durch die vermehrte dezentrale Einspeisung volatiler Erzeuger sicherzustellen. Insofern steigen die Anforderungen an das Stromübertragungssystem erheblich. Wegen der großen Relevanz der Netzstabilität wird die „Netz- bzw. Systemdienlichkeit" des Ausbaus und des Betriebs von fluktuierenden Stromerzeugungen gefordert. Dies bedingt erweiterte Anpassungsleistungen an die jeweilige Verbrauchs- und Erzeugungssituation mittels entsprechender Steuerungs- und Regelungseinrichtungen. Insgesamt erhöht sich dadurch die Bedeutung von IT-Systemen für den Betrieb von Stromnetzen stark; man spricht von Smart-Grids und von „virtuellen Kraftwerken".

Der starke Ausbau der Windkraft bei gleichzeitiger Abschaltung von Kernkraftwerken hat zu großen regionalen Verlagerungen der Stromproduktion geführt; tendenziell gibt es daher zukünftig vermehrt Stromüberschüsse im Norden der Republik und drohende Engpässe im Süden. Dies bedingt den Ausbau von weiteren Übertragungskapazitäten, insbesondere von Nord nach Süd. Ähnlich wie beim Zubau von Windkraftanlagen und Geothermie-Kraftwerken richten sich inzwischen verstärkt Bürgerproteste gegen diese Ausbauvorhaben. Die Verantwortlichen sehen sich erweiterten Diskussionen und einem starken Rechtfertigungsdruck ausgesetzt. Entsprechende Projekte verzögern sich dadurch, werden aufwendiger und teurer, teilweise wird dann auf die Realisierung verzichtet.

2.3   Ausstieg aus Kernenergie und Kohleverstromung

Phasen des Kernenergieausstiegs

Am Beispiel des Kernenergieausstiegs in Deutschland lässt sich die Problematik einer mangelnden Langfristorientierung der Energiepolitik gut aufzeigen. Bisher verläuft dieser Ausstieg in drei Phasen:

1. Phase – erster Ausstiegsbeschluss („Kernenergie-Ausstieg"): Ein geordneter Ausstieg wurde bereits im Jahr 2000 von der rot-grünen Bundesregierung im

Konsens mit der Energiewirtschaft bzw. den Kernkraftwerksbetreibern vereinbart („Atomkonsens") und 2002 das Atomgesetz entsprechend novelliert.
Demnach hatten Betreiber eine gewisse Flexibilität bei der weiteren Nutzung
der Kernkraftwerke (KKW), denn vereinbart waren bestimmte Reststrommengen
(entsprechend einer ca. 30-jährigen Nutzungszeit) für die einzelnen Kraftwerke,
die nach den Erfordernissen der Kraftwerksbetreiber genutzt werden konnten.
Es gab zwar kein konkretes Enddatum für die einzelnen Kraftwerke; doch bei
normaler bzw. durchschnittlicher jährlicher Nutzung wäre der Betrieb des letzten
Kraftwerkes ca. 2022/23 ausgelaufen.

2. Phase – Laufzeitverlängerung („Ausstieg aus dem Kernenergie-Ausstieg"): Die
   seit 2002 bestehende Vereinbarung bzw. das Atomgesetz wurde 2010 durch die
   schwarz-gelbe Koalition geändert, indem höhere Reststrommengen und damit
   faktisch auch wieder längere Laufzeiten (jeweils zusätzliche 8 bzw. 14 Jahre)
   vereinbart wurden. Daraufhin haben einige Kraftwerksbetreiber Investitionen in
   die Ertüchtigung ihrer KKW getätigt, in der Hoffnung, dass sich diese durch die
   längeren Laufzeiten amortisieren.

3. Phase – erneuter (also zweiter) Ausstiegsbeschluss (beschleunigter
   „Kernenergie-Ausstieg"): Im Jahr 2011 kam es zu Havarien bei mehreren
   Blöcken des japanischen Kernkraftwerkes Fukushima Daiichi aufgrund einer
   ungünstigen Ereigniskette (Seebeben, Tsunami, Überschwemmung sowie Ausfall von Kraftwerken und deren Notstromversorgung). Aus politökonomischen
   Gründen (Ängste und Skepsis in der Bevölkerung, bevorstehende Landtagswah-
   len) hat die schwarz-gelbe Bundesregierung dann innerhalb kurzer Zeit einen
   gesetzlich verordneten Ausstieg aus der Kernenergie veranlasst, mit Sofortstill-
   legungen von 8 KKW und konkreten Stilllegungsfristen für die weiteren 9 KKW
   bis zum Jahr 2022. Der damaligen Eile und Hektik geschuldete handwerkliche
   Fehler bei der Ausformulierung der entsprechenden Stilllegungs-Verordnungen
   und -Gesetze sowie der fehlende Konsens mit den Kraftwerksbetreibern war
   dann das Einfallstor für erfolgreiche Schadensersatz-Forderungen und Klagen
   der betroffenen Energieunternehmen. Die Steuerzahler sehen sich inzwischen
   mit hohen finanziellen Belastungen aufgrund des zweiten Kernenergieausstiegs
   konfrontiert.

Man kann in diesen Ereignissen (2010/11) geradezu ein Musterbeispiel für kurz-
sichtiges, atemloses und Vertrauen zerstörendes politisches Agieren im Feld der
Energiepolitik sehen. Dies gilt umso mehr, als dass die aktuelle Diskussion (2020)
um die weitere Nutzung der verbliebenen 6 KKW längst nicht beendet ist, sondern immer wieder neu auflebt. So wird aktuell, also vor dem Hintergrund der in
den letzten Jahren wiederbelebten Klimaschutz-Debatte, von einigen Protagonisten

verstärkt eine erneute Laufzeitverlängerung für diese KKW gefordert. Hierbei steht das Argument im Vordergrund, dass KKW weitgehend CO_2-freie Stromkontingente zur Verfügung stellen und insofern zur Erreichung der nationalen Klimaschutzziele beitragen können.

Ein anderes Argument bzgl. KKW-Laufzeitverlängerung betrifft die Frage der Versorgungssicherheit und insbesondere der Netzstabilität bei den Stromnetzen. In der Tat stellen drei aktuelle Entwicklungen bei der Stromversorgung in Deutschland das Versorgungssystem bzgl. seiner Stabilität in den nächsten Jahren vor sehr große Herausforderungen:

1. Die Abschaltung von gleichzeitig 3 KKW im Jahr 2021 sowie der letzten 3 KKW bis Ende 2022 würde eine starke Reduktion von Grundlastkontingenten in einer sehr kurzen Zeitspanne bedeuten.
2. Ein forcierter Ausstieg aus der Kohlenutzung würde bei der Abschaltung von Braunkohlekraftwerken weitere Grundlastkontingente und im Falle der Abschaltung von Steinkohlekraftwerken auch Mittellastkontingente wegfallen lassen.
3. Zugleich wird durch den weiteren Ausbau der fluktuierenden Stromerzeugung aus Photovoltaik und Windkraft die Netzstabilität und damit auch die Versorgungssicherheit weiter belastet.

Einige Stimmen plädieren daher für moderate Laufzeitverlängerungen bzgl. der noch betriebenen KKW und damit für eine 4. Phase („Verlangsamung des Kernenergie-Ausstiegs"). Dies dürfte jedoch aufgrund der bereits weit fortgeschrittenen Vorbereitungen für eine endgültige Abschaltung der verbliebenen 6 KKW nicht sehr realistisch sein.

Kohleausstieg als weitere Herausforderung
Beim Ausstieg aus der Kohlenutzung droht ein ähnliches Szenario. Hier wurde 2020 ein Ausstiegsbeschluss mit Enddatum 2038 von der scheidenden schwarz-roten Bundesregierung mit der Energiewirtschaft vereinbart (entsprechend den Empfehlungen der „Kohlekommission") und zwar unter Einschluss von Schadensersatzzahlungen an die betroffenen Kraftwerksbetreiber. Dabei gäbe es durchaus Möglichkeiten, dass der Kohleausstieg von den Betreibern selbst veranlasst wird und zwar aus ökonomischen Gründen: Wenn sich aufgrund einer zukünftig stärkeren CO_2-Bepreisung die Stromerzeugung aus Kohlekraftwerken signifikant verteuert, werden diese zunehmend unrentabel und somit aus betriebswirtschaftlichen Gründen außer Betrieb genommen. Dies wäre dann eine marktinduzierte Stilllegung von

Kohlekraftwerken, die im Gegensatz zu einer politikinduzierten keine Schadenser-satzzahlungen rechtfertigt und daher zumindest für die Steuerzahler ohne weitere Konsequenzen bliebe.

Ein anderer Aspekt betrifft die regional- und strukturpolitische Dimension des Kohleausstiegs. Aufgrund der regional konzentrierten Kohlevorkommen in Deutschland liegen die heutigen Braunkohle-Tagebaue, ebenso wie die früheren Steinkohle-Zechen, in nur wenigen Regionen des Landes (weitgehend in NRW, Brandenburg und Sachsen). Aus ökonomischen Gründen – geringe energetische und damit auch ökonomische Wertigkeit der Braunkohle und deshalb überpro-portional hohe spezifische Transportkosten – bilden Braunkohle-Tagebaue und Braunkohle-Kraftwerke jeweils einen engen Verbundstandort (vertikale Integra-tion). Entsprechend gibt es starke regionale Ballungen von Braunkohle-Kraftwerken und zumindest teilweise auch von Steinkohle-Kraftwerken. Durch einen raschen (innerhalb von zwei Jahrzehnten) Kohleausstieg und den dazu erforderlichen Stillle-gungen von Braunkohle-Tagebauen sowie von Braun- und Steinkohle-Kraftwerken käme es zu erheblichen negativen Einflüssen auf die regionalen Wirtschaftskreis-läufe und Arbeitsmärkte sowie die öffentlichen Haushalte (sinkende Steuerein-nahmen bei gleichzeitig steigenden Transferausgaben) dieser Bundesländer. Aus Gründen der Akzeptanz bei den betroffenen Menschen bedarf es daher einer akti-ven staatlichen Struktur- und Wirtschaftspolitik in diesen Regionen, mit dem Ziel, alternative Wirtschaftsstrukturen und damit auch neue bzw. andere Beschäftigungs-möglichkeiten zu schaffen. Dies ist i. d. R. auch mit direkten staatlichen Investitionen und einem hierzu notwendigen Finanzierungsbedarf aus den öffentlichen Haushal-ten (Bundeshaushalt und jeweilige Länderhaushalte) verbunden. Zumindest von diesen fiskalischen Erfordernissen wären dann die Steuerzahler mehr oder weniger betroffen und zwar weitgehend unabhängig davon, ob der Kohleausstieg unmittelbar (Ausstiegsvereinbarungen) oder nur mittelbar (höhere CO_2-Bepreisung) politisch initiiert wird.

Energiewende aus Sicht der Energie-, Umwelt- und Klimaschutz-Ökonomik

3.1 Die traditionelle ökonomische Perspektive

Klimawandel als externer Effekt und Ansätze zur Internalisierung

Die Nutzung fossiler und nuklearer Energien ist mit unerwünschten Nebenwirkungen und damit auch mit zusätzlichen Kosten verbunden. Bereits bei den herkömmlichen, also nicht klimarelevanten, Schäden der fossilen Energienutzung ist mit langfristig anfallenden hohen Folgekosten zu rechnen. Speziell im Bergbau spricht man z. B. von den „Ewigkeitskosten" des Kohleabbaus in Bergwerken. In Kombination mit den wahrscheinlichen – aber ebenfalls noch nicht seriös quantifizierbaren – Schadens- und Folgekosten des Klimawandels verteuern diese externen Kosten nachträglich die einstige Kohlenutzung und damit auch die damalige Stromerzeugung in Kohlekraftwerken beträchtlich. Konkret bedeutet dies, dass auch aktuell immer noch nicht zuverlässig kalkuliert werden kann, wie teuer z. B. die Erzeugung einer Kilowattstunde Kohlestrom unter Einschluss der externen Kosten vor 20 oder 50 Jahren tatsächlich war. Ähnliches gilt für die Nutzung der Kernenergie (weitgehende staatliche Übernahme der Haftpflicht-Prämien sowie der noch unkalkulierbaren zukünftigen Entsorgungskosten).

Die Folgeschäden des Klimawandels sind bisher noch nicht hinreichend im Preissystem der Energie- und Ressourcenwirtschaft berücksichtigt und daher im Rahmen einer traditionellen ökonomischen Perspektive (Preis-Codierung) weitgehend nicht entscheidungsrelevant. Es liegt ein negativer externer Effekt vor, daher besteht die Notwendigkeit zur Internalisierung. Das umweltökonomische Standard-Instrument hierfür, die Pigou-Steuer, lässt sich in seiner einfachen Variante nicht zielführend realisieren, da hierzu die zukünftigen Schadenskosten bekannt

T. Göllinger, *Energiewende in Deutschland,* essentials, https://doi.org/10.1007/978-3-658-34347-7_3

sein müssten. Deshalb kommt dieses Instrument in der Variante als Standard-Preis-Ansatz infrage.[1] Weitgehend erfolgt eine Übernahme der Standards aus den Erkenntnissen der Klimaforschung bzw. den Reduktionszielen der Klimaschutzpolitik (z. B. IPCC-Report, 2018): Höchstgrenze der Erwärmung 2° bzw. 1,5° Celsius, daraus folgt der maximale CO_2-Gehalt der Atmosphäre, hieraus wiederum das maximale Emissionsbudget sowie die Ableitung eines Emissionsminderungspfades.

Konkret erfolgt die Internalisierung durch eine CO_2-Bepreisung in der Variante CO_2-Steuer oder CO_2-Emissionshandel mittels Zertifikaten. Die Diskussion um Öko-Steuern allgemein sowie Energie- u. Emissionssteuern speziell ist nicht neu, sondern seit mehr als zwei Jahrzehnten ein Thema (vgl. Göllinger, 2001; Ströbele et al., 2012; Fees & Seelinger, 2013). Während also die Klima- und Klimafolgenforschung die notwendigen Standards für die Emissionsreduktion liefern und begründen, ist es die Domäne der Ökonomik, wirksame Instrumente zur Erreichung dieser Standards zu konzipieren. Insofern findet ein arbeitsteiliges Zusammenwirken verschiedener wissenschaftlicher Disziplinen im Rahmen der Klimaschutzpolitik statt.

Eine marktkonforme Koordination der Klimaschutzaktivitäten setzt auf eine kosteneffiziente Erreichung der jeweiligen Klimaschutzziele. So geht die traditionelle umweltökonomische Prämisse davon aus, dass im Falle einer einheitlichen CO_2-Bepreisung Emissionen immer dann vermieden werden, wenn die jeweiligen Vermeidungskosten unterhalb des CO_2-Preises liegen. Bei steigenden CO_2-Preisen werden über den Marktmechanismus im gesamten komplexen Wirtschaftssystem zunehmend Such-, Entdeckungs-, Inventions- und Innovationsprozesse angereizt, die zunächst die kostengünstigsten Vermeidungsoptionen aufdecken und realisieren sowie vielfältige strategische Aktivitäten in Richtung einer zukünftig emissionsarmen Ökonomie angestoßen. Relativ kleinteilige politische Zielvorgaben, z. B. für einzelne Sektoren, Technologien, Anwendungsfälle, Verbrauchergruppen, räumliche Aggregate u.ä. erschweren diese effizienzorientierte Koordination jedoch.

Der EU-Emissionshandel als Instrument der CO_2-Bepreisung

Mit dem Pariser Klimaschutzabkommen (2015) liegt inzwischen eine internationale Vereinbarung vor, die eine bessere Koordination der Klimaschutzaktivitäten wichtiger Staaten ermöglicht. Bei einem weltweit gültigen Mindestpreis für Treibhausgasemissionen könnte ein alle Sektoren und Akteure einer Region umfassendes Handelssystem für Emissionszertifikate (ETS) nach dem Cap-and-Trade-Prinzip

---

[1]Externe Effekte und deren Internalisierung mittels umweltökonomischer Instrumente werden i. d. R. in jedem Lehrbuch der Umweltökonomik behandelt; siehe z. B. Fees & Seelinger 2013.

eine sowohl klimaschutzmäßig effektive als auch ökonomisch effiziente Koordination der vielfältigen Vermeidungsaktivitäten übernehmen. Im Rahmen dieses Abkommens hat sich die EU dazu verpflichtet, ihre jährlichen Klimagasemissionen bis zum Jahr 2030 um 40 % (bzw. neuerdings 55 %) gegenüber dem Jahr 1990 zu reduzieren. Hierzu setzt die EU auf das Instrument des EU-Emissionshandels (EU-ETS). Für die an diesem System beteiligten Sektoren (Energiewirtschaft und Industrie) bzw. Unternehmen als Betreiber großer Kraftwerke und großer Industrieanlagen (entsprechend ca. 45 % der EU-Gesamtemissionen) kann das Reduktionsziel durch eine jährlich sinkende Zertifikatsmenge zielsicher erreicht werden. Für die nicht vom EU-ETS erfassten Sektoren (insbesondere Verkehr, Gebäude, Landwirtschaft) wurden separate Reduktionsziele vereinbart.

Das Effizienzkonzept des EU-ETS setzt auf eine kostenminimale Reduktion der jeweils erforderlichen Emissionsmengen und zwar unabhängig von Technologien, Sektoren, Emittenten und Orten. Die jährlich erlaubte Gesamtmenge an Emissionen ist innerhalb des Systems vorgegeben, insofern geht es um die kostengünstigste Vermeidung, damit diese Gesamtmenge nicht überschritten wird. Kritisiert wird daher die Setzung zusätzlicher nationaler oder gar sektoraler Ziele für die Emissionsreduktion – wie dies insbesondere Deutschland vielfach vorgenommen hat – weil damit zum einen das Kriterium der Kosteneffizienz unterlaufen wird und zum anderen aufgrund des „Wasserbetteffektes" keine zusätzlichen Emissionen vermieden werden, sondern lediglich eine Emissionsverlagerung in andere Sektoren und in andere EU-Staaten stattfindet (Edenhofer et al., 2019).

Aus traditioneller ökonomischer Perspektive besonders in der Kritik stehen die Förderung des Ausbaus der erneuerbaren Energien zur Stromerzeugung (Photovoltaik, Windkraft, Biogas etc.) durch das EEG und der Kohleausstieg als „teure umweltpolitische Projekte", die klimapolitisch nur wenig bewirken aber den Klimaschutz unnötig verteuern würden, da davon weitgehend Emissionen betroffen sind, die ohnehin vom EU-ETS erfasst sind. Bzgl. Kohleausstieg trifft die Kritik weitgehend zu, zumal hier die CO_2-Bepreisung ohnehin eine zunehmende Verteuerung emissionsintensiver Erzeugung bewirkt und diese dann zunehmend durch emissionsärmere Energieträger bzw. Kraftwerke verdrängt wird (siehe Abschn. 2.3). Zumindest für die EEG-Förderung ist jedoch noch eine andere Sichtweise relevant (Abschn. 3.2).

Mit der neuen Handelsperiode (seit 01.01.2021) des EU-ETS sind weitere Optionen für die EU-Staaten hinzugekommen, zusätzlich eigene Akzente bei den Emissionszielen auch innerhalb der ETS-Sektoren zu setzen. So können insbesondere die Zertifikate für zusätzlich vermiedene Emissionen auch endgültig gelöscht werden; auf diese Weise findet dann keine Verlagerung in andere Staaten statt. Damit wird das Instrument der Marktstabilitätsreserve (MSR) ausgeweitet. Mit der Einführung einer einheitlichen CO_2-Bepreisung für die nicht vom EU-ETS erfassten Emissionen wird das Ziel der Kosteneffizienz auch für diese Verursacher relevant. Prinzipiell könnten damit die bisher recht unterschiedlichen sowie kleinteiligen Emissionsziele, Aktionspläne, Handlungskonzepte und bürokratischen Detailregelungen abgelöst werden. Darüber hinaus könnte auch das bisher klimapolitisch eher dysfunktionale Steuer- und Abgaben-System reformiert werden.

Mittelfristig wäre eine Vereinheitlichung der CO_2-Bepreisung bzw. eine Integration der verschiedenen Verursacher in das EU-ETS anzustreben. Dies setzt eine Ausweitung des Instruments auf alle Emissionsquellen in allen Mitgliedsstaaten voraus. Aufgrund einiger politischer und rechtlicher Hemmnisse ist diese Erweiterung allerdings wohl erst über langwierige Verhandlungsprozesse zu erreichen. Als Zwischenlösung bieten sich nationale Lösungen für eine zusätzliche CO_2-Bepreisung an. Prinzipiell als Instrumente hierfür infrage kommen ein separater Emissionshandel für die zusätzlichen Sektoren oder eine CO_2-Steuer. Beide Varianten haben ihre Vor- und Nachteile sowie unterschiedliche Anpassungsbedingungen an das bestehende Bepreisungssystem. Die beiden Instrumente lassen sich auch miteinander kombinieren, wie dies in Deutschland seit 2021 zumindest teilweise der Fall ist und in den nächsten Jahren noch ausgeweitet wird. Um die Unsicherheiten bei der Preisbildung von Emissionszertifikaten und die sich daraus ergebenden Risiken bzgl. der Lenkungswirkung einerseits und bzgl. der ökonomischen Risiken für die betroffenen Akteure andererseits zu reduzieren, operiert das System mit einem Preiskorridor im Rahmen von Mindest- und Höchstpreisen für die Zertifikate.

Aufgrund der wahrscheinlich höheren Vermeidungskosten in den neu hinzugekommenen Sektoren könnten sich die Preise der Emissionszertifikate erhöhen und damit die Produktionskosten für die betroffenen Akteure. Für CO_2-intensive Wirtschaftsaktivitäten erhöht sich dadurch aus Wettbewerbsgründen die Gefahr einer Produktionsverlagerung ins Ausland. Entsprechend sind weitere Maßnahmen (z. B. kostenlose Zuteilung von Zertifikaten, Kompensations- und Grenzausgleichs-Zahlungen etc.) vorzusehen, um diese Carbon-Leakage-Gefahr zu vermindern.

Ebenso sind durch die CO_2-Bepreisung ungleichmäßige Belastungen der einzelnen Haushalte zu erwarten; die unteren Einkommensquantile werden prozentual weit stärker belastet als die oberen. Die hieraus resultierende sozialpolitische Brisanz kann durch entsprechende Maßnahmen entschärft werden. Infrage kommen z. B. Steuervergünstigungen oder direkte Förderungen bei der Anschaffung von energieeffizienten Geräten und Anlagen, z. B. Haushaltsgeräte oder Heizungen. Diese finanziellen Anreize lassen sich z. B. aus den Einnahmen der CO_2-Bepreisung finanzieren, die weitgehend aufkommensneutral an die Bürger zurückgegeben werden könnten. Weitere Verwendungsmöglichkeiten für die Einnahmen wären z. B.

die Übernahme der EEG-Umlage, Senkung der Stromsteuer sowie anderer direkter und indirekter Steuern und der Sozialversicherungsbeiträge.

3.2   Evolutorisch-systemische Perspektiven der Energiewende

Energiewirtschaftliche Pfadabhängigkeiten und deren Auflösung
Die Entstehung bestimmter Strukturen (Technologieplattformen, Geschäftsmodelle etc.) in einzelnen Branchen kann häufig nur durch das Konzept der Pfadabhängigkeit hinreichend verstanden werden, dies gilt auch für die Energiebranche. Ein ökonomisches Allokationsverfahren kann als pfadabhängig bezeichnet werden, wenn die Geschichte des Verfahrens eine dauernde Auswirkung auf spätere Allokationen hat. Bekannt wurden die von Arthur (1989) beschriebenen „Increasing Returns" als Ergebnis einer positiven Rückkopplungsstruktur; womit sich die Dominanz bestimmter Technologien gut erklären lässt. Auf der Basis von Lerneffekten bei der industriellen Produktion (dynamische Skaleneffekte) und Größenvorteilen der Produktion (statische Skaleneffekte) ergibt sich die Grundstruktur der Systemdynamik, die wiederum um Innovations- und Netzwerkeffekte ergänzt wird. Die sich daraus ergebenden ökonomischen Vorteile für eine bereits etablierte Technologie gegenüber einer neu aufkommenden Technologie führt zu hohen Wechselkosten von der etablierten zur neuen Technologie. Im Falle prohibitiv hoher Wechselkosten liegt ein Lock-In-Effekt vor, der einen autonomen Wechsel erschwert oder gar verhindert. Zur aktiven Beeinflussung und Auflösung dieses Lock-In-Effektes und der darauf basierenden Persistenz einer Technologie bieten sich verschiedene Varianten von der Pfadmodifikation über die Pfadbrechung bis zur Pfadkreation an. Solche und eine Reihe weiterer Pfadabhängigkeiten gibt es insbesondere auch im Energiesektor (Göllinger, 2012; Knauf & Göllinger, 2018); sie sind daher für das Verständnis der Energiewende essentiell.

Bereits im Governancesystem der Energiepolitik sind einige besondere Pfadabhängigkeiten vorzufinden. Generell ist dieser Wirtschaftsbereich durch ein hohes Maß an politischer Steuerung geprägt. Insbesondere im Sektor der großtechnologischen fossil-nuklearen Stromerzeugung kann ein typisch Bürokratisch-Industrieller Komplex (BIK) identifiziert werden: der Energie-Industrielle-Komplex. Lange Zeit stand die bewusste Förderung der fossil-nuklearen Energien im Vordergrund. In Deutschland bedingten sich Kohlevorrangpolitik (Nutzung teurer heimischer Kohle)

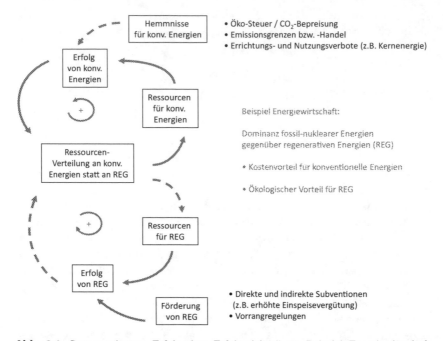

Abb. 3.1 Systemarchetyp „Erfolg dem Erfolgreichen" am Beispiel Energiewirtschaft. (Quelle: Eigene)

und Kernenergienutzung (Nutzung vermeintlich „kostengünstiger" Kernenergie) gegenseitig.[2]

Aus systemischer Perspektive liegt der langanhaltenden Dominanz der fossil-nuklearen Stromerzeugung in Großkraftwerken der Systemarchetyp „Erfolg dem Erfolgreichen" zugrunde. Mittels dieses Musters ergeben sich auch die systemischen Interventionen zur Auflösung der Verriegelung (Lock-Out), indem die dominante aber unerwünschte Variante mit Hemmnissen belegt wird und die bisher inferiore aber erwünschte Variante mit Förderungen. Für die hier im Fokus stehende Anwendung „Wandel der Energiewirtschaft" ist die prinzipielle Wirkungsweise dieser zusätzlichen, externen Elemente in Abb. 3.1 dargestellt.

---

[2]In der Monopolstruktur hat sich so eine Mischkalkulation herausgebildet. Dieser Pfad wurde nach den Energiepreiskrisen der 1970er Jahre als Möglichkeit zu einer stärkeren Unabhängigkeit von teuren Erdölimporten gesehen („Weg-vom-Öl"-Strategie).

Bei regenerativen Energietechnologien, insbesondere bei der Photovoltaik, ist als Konsequenz des Erfahrungskurveneffektes seit Jahrzehnten eine rückläufige Kostenentwicklung zu beobachten. Seit Beginn der Marktpenetration ca. 1990 konnten die PV-Modulkosten bis heute um mehr als 90 % gesenkt werden (Jäger-Waldau, 2019). Bisher fand auch in Deutschland keine umfassende Internalisierung der externen Kosten („Ökologische Wahrheit der Energiepreise") statt. Dies hat zum einen methodische Gründe, so gibt es z. B. prinzipielle Schwierigkeiten, insbesondere die langfristigen ökologischen Schäden der fossilen Energienutzung zu erfassen und monetär zu bewerten (Frage: „Wie teuer ist der Klimawandel?"). Zum anderen haben politökonomische Gründe (Stichwort „Gelbwesten-Bewegung") eine umfassende Internalisierung, etwa in Form der in weiten Kreisen der Bevölkerung unpopulären Öko- oder CO_2-Steuer, bisher verhindert.

Nichtinternalisierte externe Kosten, z. B. eine nichterhobene Pigou-Steuer, entsprechen ökonomisch einer impliziten Steuervergünstigung zugunsten der Verursacher und damit einer Subvention. Hierbei handelt es sich um eine neue Kategorie von Subventionen, für die sich die Bezeichnungen „Schattensubventionen" (Welfens et al., 1996, S. 412), „verdeckte" oder „implizite" Subventionen anbieten. Schattensubventionen können beträchtliche Ausmaße annehmen. Insbesondere bei den externen Kosten der fossilen Energien liegen durch die Folgewirkungen des Klimawandels hohe externe Kosten und damit im Falle ihrer Nichtinternalisierung auch hohe Schattensubventionen vor, die die internen Kosten dieser Energien um ein Mehrfaches übersteigen können. Dies gilt insbesondere für die Stromerzeugung aus Kohle und anderen fossilen Energieträgern.

Als Folge von Pfadabhängigkeiten kann es zu Lock-In-Situationen und damit zu einem Evolutions- bzw. Marktversagen kommen. Neue Problemlösungen können aufgrund vielfacher Hemmnisse, u. a. hohe Wechselkosten, die alten suboptimalen Problemlösungen von alleine nicht ablösen. In einer solchen Situation bedarf es einer externen Intervention, um die suboptimale Konstellation zu entriegeln.

Aufgrund der vielfältigen Interdependenzen in der Energiewirtschaft gibt es mehrere Ansatzpunkte für eine erfolgreiche Unterstützung des erwünschten Strukturwandels und der Transformation der Energiewirtschaft. Insofern bestehen bzgl. einer problemadäquaten Berücksichtigung der Pfadproblematik verschiedene Optionen, die von einfachen Varianten der Pfadmodifikation, über anspruchsvolle Konzepte der Pfadbrechung und des Pfadwechsels in der Energiewirtschaft bis zu einer umfänglichen und nachhaltigkeitsorientierten Transformation aller Infrastrukturen reichen (Göllinger, 2012).

Pfadwechsel durch Subventionierung – das Beispiel Photovoltaik

Eine zeitlich begrenzte Subventionierung von regenerativen Energien ist ökonomisch aus zwei Gründen gerechtfertigt. Erstens müssen diese neuen Energietechnologien gegen die bisher dominierenden Technologien konkurrieren, die zum Großteil selbst massiv subventioniert wurden bzw. noch werden, z. B. Kernenergie und Kohleverstromung (Küchler & Wronski, 2015). Hieraus ergibt sich ein struktureller ökonomischer Nachteil für die neuen Energietechnologien. Zweitens erhalten die konventionellen, ökologisch bedenklichen Energietechnologien eine Form der indirekten Subventionierung (Schattensubventionen) durch die mangelnde Internalisierung der von ihnen verursachten externen Kosten. Als Ausgleich für diesen Nachteil bietet sich die Subventionierung der neuen Technologien an (vgl. Göllinger, 2001, 182 ff.).

Der durch die Subventionierung ausgelöste Nachfrageimpuls bewirkt aufgrund dynamischer Skaleneffekte (Erfahrungskurve) eine schnellere Senkung der spezifischen Herstellungskosten und damit Preissenkungen für PV-Anlagen. Durch die im EEG von vorne herein degressiv angelegte Zahlung von Mindestvergütungen erfolgt eine zeitlich befristete Subventionierung mit dem Charakter einer Anschubfinanzierung und daher keine Dauersubvention. Zu konstatieren ist aber, dass zumindest zeitweise (ca. 2010 ff.) die EEG-Vergütungssätze nicht schnell genug an die sinkenden PV-Preise angepasst und dadurch erhebliche Überrenditen ermöglicht wurden.

Aus ordnungspolitischer Perspektive ist die Subventionierung einer bestimmten neuen Technologie zwecks Beschleunigung ihrer Marktpenetration problematisch. Für klassische Ordnungsökonomen wäre dies eine Form der „Anmaßung von Wissen" (Hayek) und zählt zu den ordnungspolitischen Ursünden. Diese Kritik ist nicht gänzlich von der Hand zu weisen. Allerdings kann man davon ausgehen, dass es verschiedene Grade der Wissensanmaßung gibt. Beim Beispiel Photovoltaik verfügt die Technologie über Eigenschaften, die eine relativ hohe Treffsicherheit bei der Postulierung weiterer dynamischer Skaleneffekte ermöglichten.

Analogieschlüsse aus der mit der Herstellung von Solarzellen produktionstechnisch eng verwandten Halbleiterindustrie für elektronische Bauelemente (Prozessoren und Speicherbausteine) legten in der Initialphase der Subventionspolitik, also vor zwei bis drei Jahrzehnten, den Schluss nahe, dass noch beträchtliche Kostensenkungen möglich seien, die durch Massenproduktion zu erschließen wären. Die damals prognostizierten Lerngrade bei der Kostensenkung von Solarmodulen (ca. 20 % Kostenreduktion pro Verdoppelung der kumulierten Produktion) konnten bis heute weitgehend aufrechterhalten werden. Insofern war das Risiko der „Wissensanmaßung" bei der PV-Technologie nicht besonders hoch. Ähnlich verhält es sich mit der Windenergie; auch hier konnten während der letzten zwei bis drei Jahrzehnte jeweils hohe Lerngrade erzielt werden. (Göllinger et al., 2018).[3]

Allerdings kann aus diesen positiven Beispielen nicht darauf geschlossen werden, dass sich prinzipiell bei allen erwünschten Technologien solch hohe Lerngrade über längere Zeiträume realisieren lassen. Vielmehr gibt es bei einer Reihe von Technologien große Unsicherheiten bzgl. der tatsächlich vorhandenen Kostensenkungspotenziale. Häufig wird jedoch von bestimmten Akteuren mit dem Beispiel Photovoltaik argumentiert und auf dieser Grundlage auch für andere Technologien deren Subventionierung gefordert, ohne dass eine ausreichende Abschätzung der potenziellen Wissensanmaßung vorgenommen wird. Ein prominentes Beispiel hierfür ist die Subventionierung von Blockheizkraftwerken (BHKW) auf der Basis von Verbrennungsmotoren. Bei diesen handelt es sich um eine etablierte und reife Technologie, die aufgrund ihrer bereits hohen kumulierten Produktionsvolumina (über 100 Jahre Automobilproduktion) und dem weitgehend erschlossenen technologischen Reifegrad kaum noch über Kostensenkungspotenziale verfügt. Dennoch werden diese Technologien über das KWKG finanziell gefördert; bisher jedoch mit eher bescheidenen Erfolgen bzgl. der eigentlich erwünschten Kostensenkungen, was aus obigen Gründen nicht weiter verwundern sollte (Göllinger, 2017; Göllinger & Knauf, 2018).

Einige Ökonomen (z. B. Weimann, 2010) lehnen generell das Nebeneinander verschiedener Instrumente in der Energie- u. Klimapolitik ab. Für sie genügt allein das Instrument des Emissionshandels, um eine erfolgreiche Energiewende zu realisieren bzw. die Einhaltung klimapolitischer Ziele zu gewährleisten. Solche grobmaschigen Betrachtungen blenden jedoch viele andere Aspekte aus, insbesondere evolutorische, z. B. das Problem der Pfadabhängigkeit. Es kann daher sehr wohl zweckmäßig sein, parallel zum Emissionshandel noch andere Instrumente und Politikansätze zu implementieren; zumindest soweit diese auch ordnungsökonomischen Kriterien hinreichend entsprechen.

Prinzipiell besteht eine große Diskrepanz zwischen dem ausgeprägten politisch-rechtlichen Gestaltungswillen maßgeblicher Governance-Akteure auf der einen Seite – insbesondere mittels vieler kleinteiliger ordnungsrechtlicher Detailregelungen (z. B. EEG, EnEV, KWKG etc.), also einer mehr oder weniger wissensanmaßenden Prozesspolitik – und dem ordnungspolitischen Ideal einer schlanken Rahmensetzung mittels marktkonformer Internalisierungsinstrumente (CO_2-Steuer, Zertifikatehandel) auf der anderen. Generell geht es darum, die Regelungsdichte in diesem politischen Gestaltungsfeld zu reduzieren sowie die regulatorische

---

[3]Zu bedenken ist darüber hinaus, dass es im Bereich der Energieerzeugung weitere technologische Pfadabhängigkeiten auf drei Ebenen gibt (Göllinger, 2012).

Effektivität und Effizienz zu erhöhen. Insofern geht es um einen abgestimmten Instrumentenmix aus marktkonformer Rahmensetzung und marktkonformen politisch-administrativen Interventionen.

Institutionell-administrative und systemische Wechselwirkungen

Generell gibt es eine Reihe weiterer systemischer Wechselwirkungen auf der institutionell-administrativen Ebene. Dies sei am Beispiel der Investition in Photovoltaik-Anlagen durch private Akteure erläutert. Solche Investoren, werden dadurch auch zu Stromerzeugern und Stromeinspeisern („Prosumenten"). Die aktuellen gesetzlichen und energiewirtschaftlichen Rahmenbedingungen beeinträchtigen eine möglichst CO_2-vermeidungseffektive Verwendung des eingespeisten PV-Stroms. Das Maß der Dysfunktionalität hängt dabei von der konkreten Betrachtungsperspektive ab.

Systemische Wechselwirkungen und konkrete Allokationsregeln für die PV-Einspeisung ergeben sich aus einem Geflecht vielfältiger Einflussbeziehungen:

- ordnungspolitische Ausgestaltung des CO_2-Emissions-Regimes, z. B. Emissionshandel;
- REG-Förder- und Vergütungsbedingungen;
- situative Bedingungen.

Konkret können sich je nach Randbedingungen sehr unterschiedliche Situationen ergeben:

1. Aufgrund nur noch geringer Einspeisetarife und einer tarifären Bevorzugung des Eigenverbrauchs streben viele private PV-Stromerzeuger einen möglichst hohen Eigenverbrauchsanteil an. Hierzu werden jedoch häufig exergetisch ungünstige Stromanwendungen betrieben, z. B. die direkte Wärmeerzeugung mittels elektrischer Heizelemente. Dies bewirkt zwar eine entsprechende Substitution der bisherigen bzw. alternativen Wärmeerzeugung, also z. B. Erdgas oder Heizöl, und damit auch eine Reduzierung von CO_2-Emissionen. Bei einer Netzeinspeisung des PV-Stroms könnte hingegen in einer entsprechenden Situation (Kohlekraftwerk als Grenzkraftwerk) Kohlestrom substituiert und damit rechnerisch mehr CO_2 vermieden werden. Somit wäre die Orientierung an einem hohen Eigenverbrauch aus diesem Blickwinkel als kontraproduktiv hinsichtlich des Ziels einer möglichst großen Reduktion von CO_2-Emissionen zu werten.
2. Unter Berücksichtigung der bisherigen Regelungen zum EU-Emissionshandel ist dieser Sachverhalt wiederum anders zu bewerten. Denn aufgrund der vorgegebenen Menge an Emissionszertifikaten kommt es zum „Wasserbetteffekt":

im Falle der Substitution von Kohlestrom würden die CO_2-Emissionen nur in andere Anwendungsbereiche bzw. in andere Regionen verlagert; es ergibt sich keine Netto-Einsparung. In diesem Fall bewirkt die Verwendung des PV-Stroms zur Wärmeerzeugung den größeren Einspareffekt, insbesondere beim Einsatz von elektrischen Wärmepumpen.

3. Auch dieser Aspekt wird durch die aktuellen klimapolitischen Entwicklungen relativiert. Durch die Etablierung eines Emissionshandels für die bisher nicht berücksichtigten Sektoren kann es auch in diesen Sektoren zum „Wasserbetteffekt" kommen. Die systemischen Wechselwirkungen in diesem Kontext bedürfen noch einer Klärung durch weitere Forschung und ein Monitoring bzgl. der diversen Marktreaktionen im Zuge der CO_2-Bepreisung.

4. Nochmals eine ganz andere Perspektive ergibt sich bei einer evolutorischen Betrachtung. Hierzu nur ein kurzer Blick auf zwei Aspekte:

a) Für die Investitionsentscheidung zugunsten einer privaten PV-Anlage spielt die Motivation und das Involvement des Privatinvestors eine große Rolle. Ein beträchtlicher Teil der potenziellen Investoren lässt sich auch vom Motiv der möglichst hohen Autarkie bei der Energieversorgung leiten und tätigt die Investition nicht zuletzt aufgrund der Möglichkeit, einen bestimmten Grad an Selbstversorgung bei der Stromerzeugung zu erreichen. Konkret bedeutet dies, dass ein gewisser Anteil an PV-Anlagen auch deshalb existiert, weil deren Investoren und Betreiber die Möglichkeit eines möglichst hohen Eigenverbrauchs nutzen wollen.

b) Für die tatsächlichen Auswirkungen der PV-Stromverwendung kommt es sehr auf die Regeln des EU-Emissionshandels an. Durch eine Regeländerung kann z. B. der „Wasserbetteffekt" reduziert oder gar ganz vermieden werden. Eine solche Regeländerung kann auch durch das bereits vorhandene Kontingent an REG-Stromerzeugung, also auch PV-Strom, angereizt bzw. verstärkt werden. Insofern erschafft sich dann das PV-Potenzial „seine" Bedingungen zu einer effektiven Verwendung. Bei den Regularien zur 4. Handelsperiode des EU-Emissionshandels (seit 2021) kommen z. T. solche Modifikationen zum Zuge. Andererseits wird zukünftig zunehmend der bisher nicht dem EU-Emissionshandel unterliegende Bereich (PKW, Hausheizung etc.) in den Emissionshandel mit einbezogen, was dann ebenfalls wieder zu weiteren Auswirkungen auf die Investitionsentscheidungen und konkreten Allokationsregeln führen kann.

3.3 Systemische Aspekte des Lernens und der Transformations-Kompetenz

Unterkomplexe Lernprozesse

Im Vordergrund der Energiefrage steht seit zwei bis drei Jahrhunderten jeweils die Suche nach einem bestimmten „Hoffnungs-Energieträger" bzw. einer „Hoffnungs-Technologie". Dabei unterliegen die Objekte dieser Hoffnung nicht nur dem jeweiligen Erkenntnisstand von Wissenschaft und Technik, sondern auch bestimmten zeitgeistigen Moden. Leider erfolgt in der Energiewende-Diskussion zumeist nur eine mangelnde Berücksichtigung der diesem Phänomen zugrunde liegenden Denkweise. Diese hat sich seit ca. 250 Jahren kaum verändert: es erfolgt vor allem ein Lernen bezüglich der energetischen und ökonomischen Aspekte von Technologien zur Nutzung des jeweiligen Hoffnungs-Energieträgers, also ein „Lernen 1. Ordnung". Notwendig wäre jedoch mindestens eine Ergänzung um das „Lernen 2. Ordnung" (Deutero-Lernen), um diese Strukturen sowie die Denk- und Argumentationsmuster zu verstehen und der trügerischen „Hoffnungs-Falle" zu entgehen.

Ein kurzer historischer Abriss der (modernen) Energienutzung soll dies verdeutlichen:

In einem „Encyclopédie"-Artikel des französischen Aufklärers – und Mitherausgebers der „Encyclopédie" – Denis Diderot unter dem Titel „Bois" (Holz) beklagt dieser Mitte des 18. Jh. den Raubbau an den Wäldern in der Umgebung von Paris und argumentiert für die Schonung der Wälder und statt dessen die Verwendung der neu entdeckten Kohle, die reichlich vorhanden wäre und die energetisch gut genutzt werden könnte. Damals war noch nichts von den negativen Begleiterscheinungen der Kohlenutzung bekannt; als diese zwei Jahrhunderte später nicht mehr zu übersehen waren, wurde die Kernenergie als neue Zukunfts- u. Hoffnungstechnologie propagiert. Auch deren ökologisches Gefährdungspotenzial wurde zunächst übersehen. Nun wird seit ca. einem halben Jahrhundert mehr und mehr die Nutzung der regenerativen Energien als Problemlösung in den Vordergrund gestellt. Aktuell hat sich die Bundesregierung als neueste Hoffnung zudem die Förderung einer „Wasserstoff-Strategie" auf die Fahnen geschrieben.

All diese Nutzungstechnologien unterliegen Innovationsrisiken, die sich erst im Laufe der Zeit vollumfänglich offenbaren. Zwar scheinen die sich abzeichnenden negativen Begleiterscheinungen der REG-Nutzung prinzipiell von geringerer Relevanz zu sein als diejenigen der nuklearen und fossilen Energien, dennoch ist es erforderlich, gegenüber diesen Risiken aufmerksam zu sein. Auch begegnen Politik und Gesellschaft neuen Technologien nicht mehr ganz so naiv, wie noch vor einigen Jahrzehnten; dies äußert sich z. B. in der Etablierung solcher Institutionen wie der

„Technikfolgenabschätzung" oder „Ethikkommissionen". Dennoch ist eine gewisse unkritische Propagierung eines großflächigen Ausbaus der REG-Nutzung nicht zu übersehen; es überwiegen technokratische Argumente. Somit findet zumeist nur ein „Lernen 1. Ordnung" statt, also bzgl. der neuen Technologien und ihrer technologischen, ökonomischen und zumindest rudimentär auch ökologischen Eigenschaften, aber eben nicht bzgl. des übergeordneten Problems, nämlich der zumeist zu beobachtenden weitgehenden Ausblendung von Innovationsrisiken. Eng verwandt mit dem Problem der unterkomplexen Lernprozesse ist die Problematik des unvernetzten Denkens.

Weitgehend unvernetztes Denken – unsystemische Rationalität
Eine wesentliche Komponente der ökologisch motivierten Fortschrittskritik in den 1970er/1980er Jahren betraf die lineare, wachstumsorientierte Trendfortschreibung in vielen Wirtschaftsbereichen und die in Einzeldisziplinen zersplitterte wissenschaftliche Expertise sowie deren Anwendung bei der großindustriellen Umsetzung. Diese führte aus industrieökonomischen Gründen (Kostendegression) immer nur zu größeren Komponenten und Anlagen im Bereich der technischen Infrastrukturen im Allgemeinen und in der Energiebranche im Besonderen. Zugleich war dies verbunden mit enorm steigenden und problematischen Stoff- u. Energiedurchsätzen im Lebensraum sowie unkontrollierbaren Eingriffen in vorhandene Ökosysteme, mit entsprechenden Gefährdungen von Mensch und Natur.

Von dieser ursprünglichen Kritik an den technokratisch orientierten Denk-, Wissenschafts- und Argumentationsmustern, mit zumeist linear-kausalen und unvernetzten Wirkungszusammenhängen anstatt einer vernetzten bzw. systemisch orientieren Herangehensweise (siehe insbesondere F. Vester, z. B. 1979, 1980, 1999), ist bei der aktuellen Energiewende-Maschinerie kaum etwas übriggeblieben. Zwar ist in einschlägigen Konzepten und Aktivitäten häufig auch von „vernetzten" oder „systemischen" Ansätzen die Rede, zumeist ist dies jedoch nur ein Lippenbekenntnis, also ohne echte Fundierung.

Denn ähnlich wie schon bei den Konzepten der „fossil-nuklearen Moderne" die an Disziplinen orientierte technisch-wissenschaftliche Rationalität im Vordergrund stand, zumeist unter Vernachlässigung der ökologischen, ökonomischen und sozialen Risiken aufgrund zahlreicher Neben- und Folgewirkungen, setzen viele aktuelle Akteure der Energiewende und deren Konzepte auch weiterhin auf eben genau diese *unsystemische Rationalität*.[4]

---

[4]Die *unsystemische Rationalität* ist eine spezielle Variante der *begrenzten Rationalität*. Aufgrund der in der Menschheitsgeschichte relativ neuen Herausforderungen der gegenwärtigen VUCA-Welt ist das menschliche Gehirn evolutionsbiologisch nicht zu den erforderlichen Kognitionsleistungen in der Lage, um Aspekte wie Dynamik, Komplexität und Vernetzung

Es fällt auf, dass in vielen Studien zur Machbarkeit einer globalen, nationalen oder auch nur regionalen Energiewende überwiegend Methoden und Instrumente aus dem Arsenal der technokratischen Planungs-, Prognose- und Entscheidungs-Disziplinen zur Anwendung kommen. So werden z. B. häufig mittels Methoden der mathematischen Optimierung vermeintlich „optimale" Transformationsstrategien, Technologie-Portfolios oder Geschäftsmodelle etc. ermittelt, die aber i. d. R. doch wieder nur mehr oder weniger relevante Teilaspekte der Gesamtproblematik betrachten. Diese weitverbreitete Konzentration vieler Energiewende-Akteure auf überwiegend techno-ökonomische Aspekte vernachlässigt dann sehr häufig sozioökonomische und sozioökologische Aspekte der Energiewende-Problematik und die jeweiligen Vernetzungen und Rückkopplungsdynamiken. Generell legt eine systemisch-evolutorische Perspektive nahe, dass im Kontext eines komplexen Systems die klassische eindimensionale Optimierung einer bestimmten Systemgröße (z. B. Kosten, CO_2-Emissionen, Energieverbrauch) eine unterkomplexe Lösung darstellt.

In Ansätzen und für einzelne Branchen oder Kommunen sind in den letzten Jahren zwar vereinzelt systemische Untersuchungen mittels dazu geeigneter Verfahren durchgeführt worden,[5] aber umfassendere und über entsprechend lange Zeiträume laufende Systemstudien zur Energiewende insgesamt stehen noch aus.

Diskrepanz der Handlungsfristen zwischen Politik und Energiewirtschaft
Im Vergleich zu den langfristigen Innovations- und Investitionszyklen der Energiewirtschaft, ebenso bei einem Teil der Anwendungssektoren, finden in der Energiepolitik relativ kurzfristige Zieländerungen statt. Anpassungen energiepolitischer Weichenstellungen an jeweils neue Erkenntnisse erfolgen zwar zumeist mit Verzögerung, dann aber häufig Ad-hoc. Es kommt jeweils zu neuen Impulsen in einen laufenden Umsetzungs- bzw. Anpassungsprozess und damit zu Eingriffen in bestehende bzw. sich entwickelnde Strukturen, noch bevor sich die Impulse und Konzepte aus früheren Entscheidungen voll entfalten konnten. Die Metapher der „Hundskurve" erscheint angemessen, um diesen Umstand zu charakterisieren. Ein Stück weit ist dies unvermeidlich, da es sich bei diesem Gesamtkomplex um ein lernendes System handelt, bei dem zwangsläufig unklare und teils widersprüchliche Zielbildungen, divergierende Handlungen sowie reihenweise nichtintendierte Neben- und Folgewirkungen auftreten. Die empirische Lernbasis für solche langfristigen Adaptionsprozesse ist noch unterentwickelt und bedarf einer Verbreiterung.

---

problemadäquat zu verarbeiten. Daher bedarf es hierzu besonderer systemischer Hilfsmittel (siehe Vester, 1999; Göllinger & Harrer, 2015; Göllinger, 2018).
[5]Siehe hierzu z. B. Wagener-Lohse 2017.

Nicht nur bei den Infrastrukturen der Stromversorgung (Kraftwerke und Strom-netze) oder der Gasversorgung, sondern auch bei der Energieanwendung liegen z. T. sehr langfristig wirksame Strukturen vor, die sich nur über längere Zeiträume und daher entsprechend langsam verändern lassen. Ein Paradebeispiel hierfür ist der energetisch besonders relevante Bereich der Gebäudeheizungen. Prinzipiell lässt sich in diesem Anwendungsbereich ein großes Kontingent an End- und damit auch Primärenergie einsparen. Konkret ist die Realisierung einer exergiegerechten u. energieeffizienten Wärmeversorgung deshalb schwierig, weil es sich bei Gebäuden um sehr langfristige Infrastrukturen handelt, die nur in größeren Zeiträumen an die energetischen Erfordernisse anzupassen sind. Dabei lässt sich der Wärmeschutz von Gebäuden noch vergleichsweise moderat und in überschaubaren Zeiträumen im Rhythmus allfälliger Sanierungen von einzelnen Gebäudeteilen, Gewerken und Ele-menten wie Fenster, Dächer und Fassaden verbessern. Auch die Modernisierung von Heizungen fällt in vergleichbare Zyklen. Dagegen ist der qualitativ entscheidende Sprung zur eigentlich erforderlichen Variante, nämlich der Heizung mit Wärme-pumpen, viel schwieriger zu realisieren, da dies i. d. R. auch andere Heizkonzepte im Gebäude erfordert, die i. d. R. größere konstruktive Veränderungen an Gebäuden erfordern, z. B. der Einbau einer Fußboden- oder Lüftungsheizung anstatt klassi-sche Radiatoren. Insofern ist es verständlich, dass die Wärmewende der Stromwende stark hinterherhinkt; einerseits ist eine Forcierung der Wärmewende erforderlich, andererseits bedingen sich Strom- u. Wärmewende zunehmend gegenseitig.

Ungünstige Nebenwirkungen des EEG für die Wärme- u. Mobilitätswende
Die Energiewende war und ist bisher vor allem eine Stromwende; sowohl im Bereich der Wärmeanwendungen (Wärmewende) als auch bei der Mobilität (Mobilitäts-wende) steht der Strukturwandel weitgehend noch aus. Allerdings beruht die Wende in diesen Anwendungssektoren insbesondere auf der Effizienzsteigerung aufgrund einer zunehmenden Elektrifizierung; Strom-Wärmepumpen im Wärmesektor und Elektro-Mobilität im Verkehrssektor. Insofern ist die Stromwende bis zu einem gewissen Grad auch eine Voraussetzung für die Umsetzung der Energiewende in den beiden anderen Sektoren.

Als ungünstig erweist sich dabei, dass durch das spezielle Förderregime (Einspei-severgütung und Umlage der Mehrkosten auf den Strompreis – auch auf EEG-Strom) der Strompreis in Deutschland während der letzten 20 Jahre überproportional gestie-gen ist und daher strombasierte Energieanwendungen zumindest bezüglich ihrer variablen Betriebskosten relativ teuer sind. Dieser ökonomische Nachteil wird zwar teilweise, in manchen Fällen auch ganz, durch die höhere energetische Effizienz der strombasierten Technologien kompensiert, dennoch belastet er die ökonomische

Vorteilhaftigkeit dieser Varianten im Vergleich zu den brennstoffbasierten (Öl- oder Gasheizung, Verbrennungsmotor-Pkw).

Zukünftig ändert sich zwar das Förderregime (geringere Einspeisekontingente bzw. Deckelung der EEG-Zubaukapazitäten, Übergang zu Ausschreibungsverfahren etc.), aber die Mehrkosten aus den Vergütungen der vergangenen zwei Jahrzehnte bleiben als Altlasten noch einige Jahre erhalten. Deshalb ist es vernünftig, über alternative Konzepte bzgl. der zukünftigen Zahl- u. Traglast für die ausgezahlten Einspeisevergütungen nachzudenken. Ökonomisch spricht einiges für eine Zahlungsübernahme aus dem allgemeinen Steueraufkommen, insbesondere aus den Einnahmen der CO_2-Bepreisung.

3.4   Weitere polit-ökonomische Aspekte der Energiewende

Bei einer tieferen Beschäftigung mit den Begründungen und Diskussionen im Kontext der Energiewende fallen weitere wichtige Aspekte auf, die bisher noch nicht ausreichend wahrgenommen und diskutiert werden.

Perspektiven- und Begründungswandel für den REG-Ausbau
Im Laufe der Zeit fand eine immer stärkere Verschiebung der ursprünglichen Begründung „Verknappung der Energieträger" zu „Klimawandel – Verknappung der Aufnahmekapazität der Atmosphäre für Klimagase" statt. Mit dem verstärkten Aufkommen der Umwelt- u. Ressourcenproblematik in Wissenschaft, Politik und Gesellschaft in den frühen 1970er Jahren stand bezüglich der Energieversorgung zunächst vor allem die Frage der Ressourcenverknappung (Quellen-Problematik) aufgrund begrenzter Ressourcenbestände und exponentiell wachsender Verbräuche im Zentrum der Diskussion. Erst in zweiter Linie spielten auch ökologische Probleme bei der Ressourcengewinnung (z. B. Gewässerverschmutzung) und -nutzung (z. B. die Emission klassischer Luftschadstoffe wie Staub, Schwefeldioxid und Stickoxide durch den Betrieb von Kraftwerken) eine Rolle, also die Beeinträchtigung und Verknappung der Aufnahmefähigkeit von Umweltmedien bzgl. Schadstoffen (Senken-Problematik).

In den letzten beiden Jahrzehnten haben zwei Entwicklungen diesen weitgehenden Perspektivenwechsel bewirkt:

1. Ein zunehmendes Bewusstsein für die Gefahren des Klimawandels, der durch Treibhausgase verursacht wird, hat insbesondere die aus der Verbrennung fossiler

Energieträger stammenden Kohlendioxid-Emissionen und die Frage ihrer Vermeidung ins Zentrum der wissenschaftlichen, politischen und gesellschaftlichen Diskussion gerückt.

2. Die, ebenfalls zunehmende, Erkenntnis, dass Energieressourcen nicht so knapp sind, wie damals befürchtet; dies gilt zumindest für Kohlevorkommen, eingeschränkt auch für Erdöl- und Erdgas-Reserven. Zum einen sind doch weit größere Ressourcen dieser fossilen Brennstoffe in der Erdkruste enthalten als damals bekannt bzw. angenommen und zum anderen haben der technische Fortschritt bei der Prospektion, Erschließung und Ausbeutung von Lagerstätten sowie die gestiegenen Marktpreise für Energierohstoffe ebenfalls zu einer faktischen Vermehrung der technisch und ökonomisch gewinnbaren Reserven beigetragen.

Daraus ergibt sich das Problem, dass zur Begrenzung des Klimawandels auf ein tolerierbares Maß, die Menge der genutzten fossilen Brennstoffe stark eingeschränkt werden muss. Weil aber ein entsprechender Angebotsdruck vorhanden ist, besteht in dieser Limitierung eine polit-ökonomische Herausforderung. Aus der ursprünglichen Problemwahrnehmung der begrenzten Quellen wird vor dem Hintergrund der Klimawandelproblematik das tatsächliche Problem der überreichen Quellen an fossilen Brennstoffen, die aus Klimaschutzgründen nur noch sehr begrenzt genutzt werden dürfen, aber aus ressourcenökonomischen Gründen zugleich auf ihre Verwertung drängen.

Verschärft wird dieses Problem durch bereits eingetretene Auswirkungen des Klimawandels. Es gibt eine positive Rückkopplungsdynamik zwischen der Erwärmung einiger Regionen, den daraus resultierenden geologischen Veränderungen (z. B. Schmelzen des Polareises, Auftauen der Permafrostböden in Sibirien) und dem dadurch ermöglichten bzw. erleichterten Zugang zu fossilen Energieressourcen (Erdöl, Erdgas und Kohle) in diesen Gebieten. Das Ressourcenangebot wird folglich noch weiter verstärkt, ebenso der daraus resultierende polit-ökonomische Konflikt. Eine wirksame Begrenzung der Nutzung fossiler Brennstoffe lässt sich nur durch umfassende internationale Abkommen erreichen, z. B. in Form eines Kohlenstoff-Monopsons.

Dieser Perspektivenwechsel wird jedoch zumindest in der politischen und gesellschaftlichen Diskussion noch nicht ausreichend thematisiert. Häufig wird die Notwendigkeit einer Energiewende noch mit der (teils nur vermeintlichen) Knappheit der fossilen Brennstoffe begründet; dies u. a. deshalb, weil von einigen Protagonisten die anthropogene Verursachung des Klimawandels durch Treibhausgase wie CO_2 bezweifelt wird.

Perspektivenwechsel bzgl. der Bedeutung von strategischen Rohstoffen
Ein zweiter Perspektivenwechsel ist in der inzwischen breiten Thematisierung der Knappheit einerseits und des ökologischen Gefährdungspotenzials andererseits (also sowohl Quellen- als auch Senken-Problematik) von wichtigen nichtenergetischen mineralischen Rohstoffen (Erze, Metalle, Mineralien) als werkstoffliche Grundlage für Energietechnologien im weiteren Sinne zu sehen. So ist seit einigen Jahren in den Massenmedien kaum ein Beitrag zu den Themen Elektromobilität und Stromspeicherung zu finden, ohne den Hinweis auf die absolute Knappheit und die ökologische bzw. soziale Problematik bei der Gewinnung und Aufbereitung bestimmter essentieller Materialien wie z. B. Lithium, Kobalt und Coltan. Dies zu thematisieren ist zwar erforderlich, doch die Art und Weise wie dies aktuell geschieht ist kaum überzeugend, was aufgrund der einerseits auch interessengeleiteten und andererseits erkenntniskritischen Betrachtungen nicht weiter verwundert. Es fällt auf, dass die ökologische und soziale Problematik dieser Rohstoffe u. a. verstärkt von Protagonisten thematisiert wird, die sich ansonsten (bei Problemen mit etablierten Rohstoffen und Produktionssystemen) nicht besonders wahrnehmbar äußern. Andererseits gibt es aber auch Akteure, die diese Problematik bei ihren „Wunschtechnologien" im Rahmen der Energiewende stark unterbewerten oder gar ganz ausblenden, obwohl sie in anderen Fällen häufig auf diese Probleme hinweisen.

Zweifellos gibt es diese kritisierten Problemlagen im Bereich der neuen Energietechnologien bzw. bei deren Ressourcenbasis. Dennoch hat diese Problematik prinzipiell eine geringere Dimension als die Problematik der fossilen Brennstoffe. Der entscheidende Unterschied besteht darin, dass die fossilen Brennstoffe durch ihre Nutzung unvermeidlich verbraucht werden und das dabei emittierte CO_2 zum Klimawandel beiträgt. Dagegen werden die mineralischen Rohstoffe nur zeitweise genutzt, nämlich während ihres Gebrauchs in den daraus hergestellten Sachgütern, und können zumindest prinzipiell Recycling-Prozessen zugeführt werden. Hier sind also alle Möglichkeiten der Substitution und der Wiederverwertbarkeit von Stoffen ins Feld zu führen, da es selbstverständlich sein sollte, dass der generelle Trend zur Ökologisierung von Produkten und deren Produktion (Produkt- und Produktions-Ökologie) insbesondere auch für die Energiewende-Technologien gelten sollte. Dass diese Ökologisierung häufig oder sogar weitgehend noch aussteht, ist jedenfalls kein ausreichendes Argument gegen diese Technologien, insbesondere da sich der Transformationsprozess bei den meisten Anwendungen noch weitgehend in einer frühen Phase befindet. Allerdings ist beim weiteren Hochlauf (Diffusionsprozess) der Technologie-Verbreitung stärker auf diese Aspekte zu achten als dies bisher zuweilen der Fall war. Insofern könnten zwar die aktuell kritisierten Probleme mehr oder weniger auch weiterhin noch bestehen bleiben, sie müssen es aber nicht zwangsläufig, im Gegenteil.

Leider sind auch viele der einschlägigen wissenschaftlichen Studien, die entsprechende Öko-Bilanzierungen vornehmen, wenig hilfreich, da sie häufig mit statischen Bewertungen arbeiten und die dynamische Perspektive (also die Berücksichtigung zukünftig möglicher Verbesserungen) dabei zu kurz kommt. Überwiegend handelt es sich hierbei um technokratische Analysen, die keine systemische Sicht zulassen. Insofern dominiert in der Debatte generell die unvernetzte, eindimensionale und linearkausale Denk- und Argumentationsweise.

Mangelnde Abstimmung auf EU-Ebene
Trotz einiger Verlautbarungen und bestehender Abkommen bzgl. einer gemeinsamen Energiepolitik der EU-Staaten agieren diese überwiegend entlang ihrer jeweils eigenen nationalen Interessen.

Zu unterschiedlich sind die jeweiligen (energie)-wirtschaftsstrukturellen und naturräumlichen Voraussetzungen in den einzelnen Staaten.

Beispiel Kernenergieausstieg: Die Reaktionen auf die Fukushima-Havarie fielen in den EU-Staaten sehr unterschiedlich aus. Während Deutschland mit der Sofortabschaltung von einigen KKW und einem generellen Kernenergie-Ausstiegsszenario reagierte, änderte sich in den allermeisten EU-Kernenergie-Staaten nichts wirklich Substantielles an deren Kernenergiepolitik.

Zwei Besonderheiten fallen dabei auf:

1. Mit der sofortigen und auch weiterhin vorgesehenen schrittweisen (bis 2022) Stilllegung von Kernkraftwerken hat sich die deutsche Bundesregierung für die Verminderung des Risikos von Kernenergie-Unfällen entschieden und damit vorrangig für eine Erhöhung der nationalen Sicherheit, anstatt für eine Stärkung des Klimaschutzes. Unter dem Gesichtspunkt der unterschiedlich hohen direkten Risiken, die von Kohle- und Kern-Kraftwerken für die deutsche Bevölkerung ausgehen, erscheint dies rational.
2. Vor dem Hintergrund der Tatsache, dass es in einigen anderen EU-Staaten noch zahlreiche ältere und risikoreichere KKW als in Deutschland gibt, wäre eine vorrangige Abschaltung dieser besonders risikoreichen KKW zu empfehlen gewesen, entweder zusätzlich oder – bei Versorgungsengpässen – anstatt der sofortigen Abschaltung einiger deutscher KKW. Bei einer solchen Politik stände die Risikominimierung innerhalb der EU im Zentrum des Interesses. Dies muss nicht automatisch mit einer geringeren Sicherheit für Deutschland einhergehen, im Gegenteil. Denn viele der besonders alten und maroden KKW stehen vor allem in Belgien, Frankreich und Tschechien; einige davon in der Nähe zu Deutschland, mit einem entsprechend hohen Risiko für die deutsche Bevölkerung. So wurde das älteste und pannenreichste KKW Frankreichs, in Fessenheim

– unmittelbar am Rhein und damit der deutschen Grenze, noch bis zum Jahr 2020 betrieben. Sehr problematische Reaktoren in Belgien (Doel und Tihange) stellen ebenfalls ein hohes Risiko für den Nachbarstaat Deutschland dar. Leider war eine solche Politikoption damals, und ist es auch heute noch, pure Fiktion, da es keine gemeinsame EU-Energiepolitik in diesem Sinne gibt.

Als besonders ungünstig für die stärkere internationale politische Verankerung der deutschen Energiewende erweisen sich die teils sehr unterschiedlichen Energiepolitiken wichtiger Partnerländer innerhalb der EU. Insbesondere im Hinblick auf einen europäischen Strommarkt ist es von Nachteil, dass die unmittelbaren großen Nachbarstaaten Frankreich und Polen bislang jeweils sehr einseitig auf stark unterschiedliche Stromerzeugungsoptionen setzen, Frankreich auf Kernenergie und Polen auf Kohle. Insofern verkörpern diese beiden Staaten nahezu idealtypisch die beiden, auch zueinander diametralen, Kontrapositionen zur deutschen Energiepolitik. Zwar sind auch in diesen beiden Ländern für die nächsten Jahrzehnte größere Veränderungen beabsichtigt, aber erstens nur sehr langsam und zweitens von der Zielsetzung jeweils immer noch weit von der deutschen Energiepolitik entfernt. So will Frankreich den Anteil der Kernenergie an der Stromerzeugung bis 2035 lediglich auf 50 % verringern, Polen will gar erst neu in die Nutzung der Kernenergie einsteigen. Besonders ambitionierte Strategien zum Ausbau der REG-Nutzung lassen sich in beiden Fällen nicht erkennen. Dabei hat Frankreich mit seinen langen Küsten und dem sonnenreichen Süden, bei zugleich geringerer Bevölkerungs- und Besiedlungsdichte als Deutschland, geradezu ideale naturräumliche Bedingungen für die REG-Nutzung, insbesondere Photovoltaik und Windkraft. In Polen sind die Bedingungen weniger ideal, zumindest für Windkraft aber immer noch gut.

Die Besonderheiten der Stromerzeugung erfordern auch gegenseitige Strom-Ex- und Importe mit den Nachbarstaaten. Obwohl Deutschland seit ca. 20 Jahren bei Betrachtung der Jahresbilanz netto Strom exportiert, gibt es zwangsläufig einzelne Tage oder nur Stunden, in denen der Saldo negativ ist. Dann sieht sich Deutschland dem (weitgehend ungerechtfertigten) Vorwurf ausgesetzt, dass es selbst zwar aus der Kernenergie und Kohlenutzung aussteigt, aber zugleich nukleare oder fossile Stromkontingente aus den Nachbarstaaten importiert.

4.1 Zukunft der brennstoffbasierten Strom- und Wärmeerzeugung

Auch unter dem Gesichtspunkt der Energieeffizienz erweist sich die historisch gewachsene Energieinfrastruktur für die drei Sektoren Stromerzeugung,
Wärmeerzeugung und motorisierter Verkehr als ungünstig. Überwiegend kommen in allen drei Sektoren fossile Brennstoffe zum Einsatz, die aufgrund der
getrennten Infrastruktur nur unzureichend genutzt werden, da ungenutzte größere
Abwärmepotenziale bestehen (Abb. 4.1). Historisch hat sich so ein Energie-
versorgungssystem herausgebildet, das durch relativ ineffiziente Einzellösungen
charakterisiert werden kann.

Evident ist das Zusammenwachsen und die Abstimmung der Energieinfrastrukturen für die drei Anwendungsbereiche (Abb. 4.1, unten). Vereinfacht gesagt,
läuft dies zum einen auf die regenerative und brennstofffreie sowie hocheffizi-
ente gasbasierte (GuD-Kraftwerke), teils auch gekoppelte, Erzeugung im Bereich
der Stromerzeugung sowie die Abwärmenutzung im Gebäudebereich hinaus und
zum anderen auf die Substitution des direkten Kraftstoffeinsatzes in Fahrzeu-
gen mit Verbrennungsmotoren durch Varianten der Elektromobilität sowie des
Brennstoffeinsatzes zu Heizzwecken durch Elektrowärmepumpen.

Vor dem Hintergrund des Aufbaus einer Energieinfrastruktur auf REG-Basis
sind die fossil-nuklearen Energieressourcen (Brennstoffe) und Infrastrukturein-
richtungen (insbes. Kraftwerke) weitgehend als auslaufende Optionen zu betrachten. Es stellt sich die Frage, welche der aktuell genutzten Ressourcen noch für eine
Brückenfunktion oder gar als Schlüsselressource infrage kommen. Ausgehend

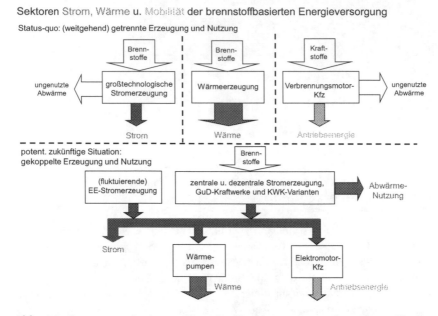

Abb. 4.1 Getrennte und sektorengekoppelte Energieerzeugung und –nutzung. (Quelle: Eigene)

von der Überlegung, dass die regenerative Stromerzeugung aus nichtsteuerbaren, volatilen Quellen einerseits einer Ergänzung um steuerbare Quellen und andererseits eine Speicher- u. Transportinfrastruktur bedarf, lässt sich die Notwendigkeit einer brennstoffbasierten Stromerzeugung auch in der Zukunft (mindestens bis Mitte des Jahrhunderts) begründen (Göllinger, 2012). Die Vision einer vollständig brennstofffreien Energieversorgung auf der Basis regenerativer Energien (Non-Fuel-REG) erscheint aus heutiger Perspektive auf Jahrzehnte hinaus kaum realisierbar; zumindest als Transport- u. Speichermedium ist der Brennstoff Gas noch lange erforderlich, zunächst in Form von Erdgas, teils auch biogene und in ca. zwei Jahrzehnten zunehmend auch synthetische Gase.

Insofern ist die konventionelle Stromerzeugung in Kraftwerken auch weiterhin eine notwendige additive Komponente zur regenerativen Stromerzeugung. Sie ist zugleich eine Konkurrenz und eine Ergänzung zu Energiespeichern. Die Verbund- und Speichermöglichkeiten stellen im Kontext der energiewirtschaftlichen Entwicklungen eine „Strategische Ressource" dar.

Eine wichtige ökonomische Erkenntnis ist außerdem, dass der Grad der Versorgung mit Erneuerbaren Energien sowie der Autarkiegrad von entscheidendem Einfluss auf die Kosten der Zielerreichung sind. In einschlägigen Szenarien auf der Grundlage von Energiesystem-Modellen steigen die Kosten der Energiewende bei sehr hohen Anteilen der EE-Erzeugung (ab ca. 80 % Anteil am Endenergiebedarf) überproportional an (Palzer, 2016). Eine stärkere Berücksichtigung der Kostensituation legt eine weniger strikte Definition der ökologischen Ziele der Energiewende nahe und akzeptiert eine gewisse Restversorgung mit fossilen Energien sowie prinzipiell auch einen Energieimport aus anderen Regionen.

4.2 Nächste Phase – Sektor-Kopplung, Hybridisierung und Sektor-Integration

Erfordernis von Sektor-Kopplung und Hybridisierung
Generell sind im Rahmen der Energiewende verschiedene Asymmetrien zu beobachten. So liegt bisher der Schwerpunkt auf der Modernisierung eines Teils der Energieerzeugung, speziell der Stromerzeugung. Vernachlässigt wurde die signifikante Steigerung der Energieeffizienz („Effizienzrevolution") in den verschiedenen Anwendungssektoren. Außerdem ist die Energiewende bisher vor allem eine „Stromwende", denn im Bereich der Stromerzeugung erfolgte eine beträchtliche Steigerung des Anteils Erneuerbarer Energien (EE), insbesondere durch Photovoltaik (PV), Wind- und Wasserkraft oder Bioenergie. In anderen wichtigen Bereichen des Energiesystems, wie dem Wärmesektor und dem Mobilitätssektor, sind bisher nur geringe Erfolge bei der Umsetzung der Energiewende zu verzeichnen; sowohl die „Wärmewende" als auch die „Mobilitätswende" stehen daher weitgehend noch aus.

Die Asymmetrie aufgrund der „Stromwende" und das Erfordernis zur „Wärme- und Mobilitätswende" befördern die Bestrebungen zum Zusammenwachsen bzw. zur integrativen Betrachtung der bisher weitgehend getrennten Sektoren Stromerzeugung und -verwendung, Wärmeerzeugung und -nutzung sowie die Energieversorgung des Mobilitätssektors, insbesondere der motorisierte Individualverkehr (MIV). Dies ist insbesondere auf folgende Gründe zurückzuführen (Göllinger, 2014, Göllinger & Gaschnig, 2017):

1. Ein Ausbau der regenerativen Stromerzeugung bringt hohe Anteile fluktuierender und daher nicht-steuerbarer Strommengen mit sich. Bei zukünftig noch höheren Anteilen der EE-Stromerzeugung kommt es zunehmend zu Zeiten während eines Jahres, in denen es einen Stromüberschuss gibt. Soweit noch keine

ausreichenden Speichermöglichkeiten vorhanden sind, stellt sich die Frage nach energiewirtschaftlich vorteilhaften Verwendungsmöglichkeiten dieser Strom-überschüsse. Es bietet sich an, diese Stromüberschüsse in den beiden anderen Sektoren zu verwenden, also zur Wärmeerzeugung (Power to Heat (PtH), z. B. mittels Wärmepumpen) und zum Betrieb elektrischer Verkehrsmittel und damit zumindest zeit- bzw. teilweise andere Energieträger (z. B. die Brennstoffe Heizöl und Erdgas oder die Kraftstoffe Benzin und Diesel) zu ersetzen. Darüber hinaus sind auch noch andere Verwendungsmöglichkeiten denkbar (Power to X (PtX)), z. B. Verwendung in der chemischen Industrie.

2. Sowohl bei der „Wärmewende" als auch bei der „Mobilitätswende" besteht ein wichtiger Strategieansatz in der Elektrifizierung dieser Sektoren. Durch einen vermehrten Einsatz von Strom zur Wärmeerzeugung mittels Wärmepumpen und zum Betrieb von batterieelektrischen Automobilen kann zum einen die Effizienz dieser Energieanwendungen gesteigert und zum anderen auf erneuerbare Primärenergieträger umgestellt werden.

Einerseits führen diese Entwicklungen zu einer Ausweitung und einem Bedeutungs-zuwachs des Stromsektors, andererseits ist es erforderlich, die energiewirtschaftlichen Zusammenhänge zwischen den Sektoren wesentlich stärker zu thematisieren. Ein wichtiger Aspekt hierbei ist die Steigerung der Flexibilität hinsichtlich der Verwendung von Stromüberschüssen in verschiedenen Verwertungsketten und damit zusammenhängend auch die Frage nach der Deckung des Energiebedarfs, falls die Überschüsse nicht zur Verfügung stehen. Solche flexiblen Lösungen gehen mit einer Hybridisierung von Energiewandlern und Energieinfrastrukturen einher, damit diese für mehrere Optionen zur Verfügung stehen können. Auf diese Weise sollen einerseits die temporären EE-Stromüberschüsse einer effizienten Verwendung zugeführt werden und andererseits die Erfüllung der energiewirtschaftlichen Versorgungsaufgaben auch dann gewährleistet sein, wenn keine EE-Stromkontingente vorhanden sind.

In der energiewirtschaftlichen Debatte existiert ein weitgehender Konsens darüber, dass Konzepte der Sektorenkopplung bei zeitnaher Realisierung die Erreichung der Energiewende-Ziele besonders gut unterstützen. Da die Stromerzeugung für diese Konzepte eine Schlüsselrolle einnimmt und sich in der Elektrizitätswirtschaft Stromnachfrage (Last) und Stromangebot (Erzeugungs- bzw. Einspeiseleistung) zu jedem Zeitpunkt decken müssen, spielt der Strommarkt eine zentrale Rolle bei diesen Überlegungen.

Die Vorteilhaftigkeit von sektorengekoppelten Erzeugungs-, Transport- und Nutzungsstrukturen wird insbesondere anhand der geordneten Residuallastkurve deutlich: Der weitere Ausbau der fluktuierenden Erneuerbaren Energien (Photovoltaik, Windkraft) im Stromsektor führt bei gegebener Last zu einem sinkenden Deckungsbedarf durch konventionelle, steuerbare Kraftwerke. Die Residuallast ergibt sich hierbei aus der Differenz zwischen der gesamten Last und der Last, die aus Erneuerbaren Energien (EE) gedeckt werden kann. Als Folge ergibt sich generell ein verringerter Anteil an konventioneller Erzeugung, insbesondere im Grundlastbereich. Allerdings steigt im Gegenzug der Bedarf an Spitzenlasterzeugung an. Eine weitere Konsequenz ist der zunehmende Bedarf an Speicherkapazitäten. Diese Tendenzen verstärken sich mit dem zunehmenden REG-Ausbau zukünftig noch stark. Abb. 4.2 zeigt die Entwicklung der Residuallastprofile im Stromsektor bei zukünftig weiter steigenden Anteilen an fluktuierender Erzeugung.

Bei einer Betrachtung der Extremsituationen dieser Kurven über mehrere Jahrzehnte werden zwei wichtige Eigenschaften der Residuallast sichtbar:

1. Trotz des starken EE-Ausbaus sinkt die positive Residuallast am oberen Ende der Verteilung kaum. Für diese sonnenarmen und windstillen Stunden („Dunkelflaute") bei gleichzeitig hoher Stromnachfrage wird daher eine gesicherte installierte Leistung aus konventionellen, steuerbaren Kraftwerken benötigt. Diese werden

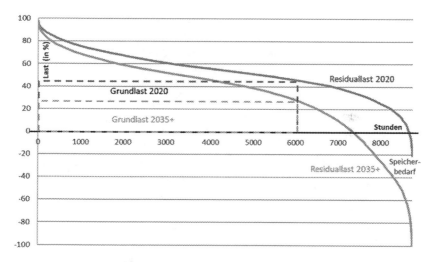

Abb. 4.2 Residual- und Grundlast der Stromversorgung bei wachsenden EE-Anteilen. (Quelle: Eigene)

in Zukunft wahrscheinlich teilweise um neue Speichertypen ergänzt und dadurch auch ersetzt; hierzu zählen bspw. stationäre und mobile Batteriekonzepte.

2. Wenn eine hohe Sonneneinstrahlung auf ein hohes Windangebot trifft (und/oder die Stromnachfrage niedrig ist), können starke residuale Leistungsspitzen auftreten. Besonders der starke Überschuss, der nur in wenigen Stunden des Jahres auftritt, kann ökonomisch problematisch sein, weil sich viele Speicherlösungen erst lohnen, wenn die Preissituation lukrativ und die Betriebsstundenzahl im Jahr ausreichend hoch ist.

Bei einer solchen Entwicklung wäre also bereits in diesem Jahrzehnt ein erhöhter Flexibilitäts- und Speicherbedarf erforderlich. Im Rahmen des Zusammenspiels von volatiler Stromerzeugung und ergänzender Residuallast-Abdeckung werden vielfach die Möglichkeiten einer Kombination unterschiedlicher Erzeugungsoptionen zu einem „virtuellen Kraftwerk" diskutiert. Hierbei kommt es u. a. auf erweiterte Steuerungsmöglichkeiten der Stromnetze an; die Diskussion erstreckt sich daher zunehmend auf „Smart Grids".

Welche ökonomisch vorteilhaften Technologiekombinationen ergeben sich aus diesen Überlegungen?

Hierzu ist es zweckmäßig, sich an generellen Regeln zu orientieren:

a) Nutzungsregeln zur energie- und kosteneffizienten Verwendung solcher Überschüsse sowie

b) Bereitstellungsregeln für entsprechende Stromdefizite, wobei zwischen räumlicher Verlagerung (Transport und Verteilung) und zeitlicher Verschiebung (Speicherung) zu unterscheiden ist.

Für diese Regeln spielt die Verwendung geeigneter sektorenkoppelnder Technologien eine wichtige Rolle (Göllinger & Gaschnig, 2017):

1. **Allgemein:** Direktverbrauch vor Zwischenspeicherung, vor Verwendung für andere Anwendungszwecke (Power-to-X-Umwandlung)

2. **Speziell für PtX:** Power-to-Heat (PtH mit Wärmepumpen vor Heizstäben) vor Power-to-Gas (PtG) vor Power-to-Liquid (PtL)

3. **Kreisschlüsse vermeiden:** Lange Wirkungsgradketten im Stromsektor, in denen ein Energieträger wie etwa in PtGtPtGtP mehrfach zum Einsatz kommt, sind ein energiewirtschaftlicher Kreisschluss. Die jeweiligen Förderbedingungen sollten solche Kaskaden möglichst verhindern.

Von der Sektor-Kopplung zur Sektor-Integration

Sektor-Kopplung bezieht sich bisher in erster Linie auf energetisch-technologische und techno-ökonomische Fragen. Es ist jedoch auch eine fach und unternehmens-kulturelle Aufgabe, die unterschiedlichen Sektoren zusammenzuführen. Insofern sind die Herausforderungen der Sektor-Integration nochmals größer als die der Sektor-Kopplung und Hybridisierung.

Bei den Technologieplattformen der einzelnen Sektoren, bzw. in den diesen zugrunde liegenden diversen Fachdisziplinen, haben sich im Laufe der Zeit jeweils verschiedene Definitionen und Begrifflichkeiten, Symbole wie z. B. Formelzeichen, Abkürzungen und Benennungen sowie auch Berechnungsroutinen herausgebildet. Dies erschwert eine Zusammenarbeit von Akteuren verschiedener Disziplinen und die Herausbildung einer gemeinsamen bzw. integrativen Sichtweise.

Noch zu häufig sind im Hochschulbereich die energietechnologischen Kompe-tenzen streng auf die klassischen Fakultäten aufgeteilt. Der Stromsektor ist dann die Domäne der elektrotechnischen Fakultät, der Wärme- und der Gassektor fin-den sich in der Maschinenbau-Fakultät wieder und bei der Automobilität gibt es ohnehin die Konkurrenz zwischen den Verbrennungs- und den Elektro-Motor affi-nen Kollegen an den jeweiligen Fakultäten. Für die vernünftige Integration dieser Einzeltechnologien ist dann i. d. R. niemand so recht zuständig.

Eine qualifizierte Sektor-Kopplung erfordert eine andere Arbeitsteilung zwi-schen den energietechnischen Disziplinen als bisher, weil insbesondere die Schnitt-stellenproblematik gelöst werden muss. Im Bereich der Fach- und Führungskräfte werden sowohl Spezialisten für die verschiedenen Technologien und deren tech-noökonomische Aspekte benötigt als auch Generalisten für die sozioökonomische Integration zu tragfähigen Gesamtkonzepten.

Rund um die Technologien hat sich jeweils ein „Ökosystem" an vernetzten Wertschöpfungsketten und Fachkulturen gebildet (Verbände, Messen, Fachzeit-schriften etc.). Es geht dabei um die Herausbildung neuer Geschäftsmodelle und Kalkulationsmethoden sowie um die interdisziplinäre Vernetzung. Unter neuen Voraussetzungen, insbesondere mit einer regenerativen und effizienzorientierten Technologieplattform, wird eine zunehmende Integration verschiedener Sektoren angestrebt, wie dies bereits vor einigen Jahrzehnten von EVU mit Konzepten bzgl. „voll-" und „allelektrischer" Haushalte zumindest rudimentär und mit geringer Effizienz realisiert wurde.

Zukünftige Herausforderungen ergeben sich aus weiteren potenziellen Pha-sen, insbesondere hinsichtlich der Regionen-Kopplung und den chemischen Langzeitspeichern (Abb. 4.3). Basis für diese weiteren Phasen ist die erfolg-reiche technisch-organisatorische Systemintegration der diversen Energiewende-Technologien.

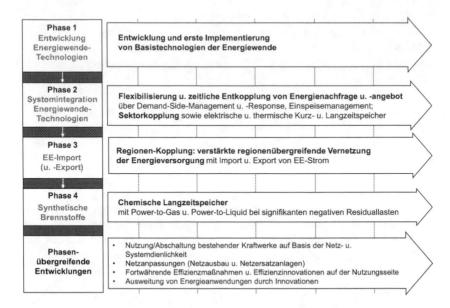

Abb. 4.3   Mögliche Phasen der Energiewende. (Quelle: Göllinger & Gaschnig, 2016)

Möglichkeiten und Grenzen einer deutschen Pionierrolle bei der Energiewende

5

Im polit-ökonomischen Kontext stellt sich die Frage nach einer Einordnung der deutschen Klima- u. Energiepolitik im internationalen Vergleich. So kann berechtigt danach gefragt werden, ob es sich um einen Deutschen Sonderweg oder um ein internationales Vorbild handelt. Die Antwort lautet: beides; denn der Wunsch, Vorbild im Sinne von Vorreiter zu sein, führt mehr oder weniger zu einem Sonderweg. Vor allem, wenn es nicht nur darum geht, etwa im Sinne eines Klimaschutz- oder Energiewende-Leaderships, die „richtige" Klima- und Energie(wende)-Politik und mögliche Strategien zur Zielerreichung aufzuzeigen, sondern auch darum, weitere Schritte zu gehen und vermehrt Energiewende-Investitionen zu tätigen. Weil sich durch die konkrete Umsetzung dieser Strategien das Preis- und Kostengefüge sowohl der etablierten als auch der neuen Technologie-Plattformen und Energieträger verändert und dies starke Auswirkungen auf die gesamtwirtschaftliche und sozioökonomische Situation eines Landes hat, entstehen neue Markt- und Interessenskonstellationen. Diese können auch mit sozioökonomischen Risiken für die Pioniere verbunden sein.

Für einen wirksamen Klimaschutz kommt es letztlich auf die Senkung der globalen Klimagasemissionen an. Weil in der Klimapolitik große Anreize zum Trittbrettfahrerverhalten bestehen, führen einfache Vorstellungen von Vorbild- und Pionier-Rollen einzelner Staaten nicht weiter. Spieltheoretische Überlegungen zeigen, dass die klimapolitischen Handlungen der Staaten sehr aufeinander bezogen sind und dass nur bestimmte Politikkonstellationen den globalen Klimaschutz stärken (Stern 2005; Schwerhoff et al. 2018). Jede nationale Energie- und Klimaschutz-Politik muss daher bzgl. ihres systemischen Beitrags zu einer globalen Klimaschutzstrategie bewertet werden.

Solange neue Energietechnologien im Vergleich zu einer bereits etablierten Technologie nicht wettbewerbsfähig sind, müssen Lernkosten des Technologiewechsels als Kosten des Pfadwechsels getragen werden (Göllinger, 2012). Lernkosten ergeben sich durch die Aufsummierung der Differenzkosten zwischen den spezifischen Kosten einer Substitutionstechnologie und den spezifischen Kosten der konventionellen Energien über die kumulierte Herstellungsmenge dieser Technologie bis zum Erreichen der Kostenparität. Durch die Notwendigkeit, in allen komplementären energiewirtschaftlichen Sektoren bzw. Wertschöpfungsstufen einen Pfadwechsel einzuleiten sind relativ viele Technologien von einer Ablösung durch neue Varianten betroffen. Bei jeweils allen Technologieoptionen entstehen Lernkosten; es ergibt sich somit das Problem einer Vervielfachung der Lernkosten (multiple Lernkosten).

Erfolgt der energiewirtschaftliche Strukturwandel zeitlich moderat sowie weitgehend autonom und synchronen im Sinne einer globalen Marktpenetration der neuen Technologie-Plattformen findet eine Verteilung der Lernkosten auf viele Volkswirtschaften statt. Diese Umlage der Lernkosten auf viele Akteure führt nur zu einer vergleichsweise geringen Belastung einzelner Individuen und Unternehmen.

Bei einer beschleunigten Energiewende fallen die Lernkosten in einer kürzeren Zeitspanne an; dadurch erhöht sich die ökonomische und gesellschaftliche Belastung durch die Umlage der Lernkosten. Unilaterale Ambitionen einzelner Staaten, die sich als Pioniere und Schrittmacher der Energiewende verstehen, verstärken diese Problematik. Daraus ergibt sich eine erhöhte Traglast bzgl. der multiplen Lernkosten für die jeweiligen Volkswirtschaften. Im Falle von Deutschland und seiner Energiewende gilt dies besonders. Insbesondere führt diese Entwicklung zu einer ungleichmäßigen Belastung von Produzenten und Konsumenten und dies wiederum zu Gefahren der Produktionsverlagerung und asymmetrischer Verteilungseffekte (Edenhofer et al. 2019). Zugleich ist wegen der globalen Klimawandel-Problematik mit regionalen Vermeidungsaktivitäten nur wenig gewonnen. Über allen Bemühungen steht die Diskrepanz zwischen dem Wunsch nach klimapolitischer Effektivität der Klima- und Energiepolitik, also deren Wirkmächtigkeit, und den sehr begrenzten Möglichkeiten eines einzelnen Landes, das nur für ca. 2 % der weltweiten Klimagasemissionen verantwortlich ist. Dies kann zu verstärkten Akzeptanzproblemen führen.

Bei einer einzelnen Technologie bzw. bei nur wenigen Technologien kann es zweckmäßig sein, dass einzelne Pioniere eine Massenanwendung und dadurch auch starke Kostensenkungen auslösen. Aufgrund der zunächst stark asymmetrischen Marktpenetration entfällt ein großer Anteil der anfänglichen Lernkosten auf diese Pioniere. Bei Aufholaktivitäten anderer Staaten übernehmen diese ebenfalls größere Anteile der später anfallenden Lernkosten, wie insbesondere das Beispiel Photovoltaik zeigt. Insbesondere durch die jahrelange massive Subventionierung in Deutschland durch das EEG kam es zu einer beschleunigten Marktpenetration, zunächst in Deutschland und einigen vergleichbaren Staaten, später dann auch in asiatischen Schwellenländern, vor allem China. Bei der Photovoltaik hat also Deutschland zumindest einige Jahre lang einen weit überproportionalen Anteil der PV-Lernkosten getragen. Dies kann als ein Beitrag zum Anschub einer globalen Energiewende gesehen werden. Problematisch ist es hingegen, wenn diese Vorreiterrolle für viele verschiedene Technologien gleichzeitig übernommen wird, denn dann fallen die oben angesprochenen multiplen Lernkosten zum Großteil bei diesen Energiewende-Pionieren an. Weil aber eine schnelle und umfassende Energiewende auf die Etablierung einer Reihe neuer Technologien angewiesen ist, wird diese zum ökonomischen Problem für die Pioniere. Einer besonders ambitionierten Vorreiterrolle bei der Energiewende sind daher aufgrund der hohen Lernkosten ökonomische und aus Akzeptanzgründen gesellschaftliche Grenzen gesetzt.

Eine absolute Vorreiterrolle Deutschlands bei der schnellen und weitreichenden Umsetzung der Energiewende birgt die große Gefahr, dass eher das Gegenteil der beabsichtigen Wirkung erreicht wird und die möglichen Verwerfungen einer solchen Politik eine abschreckende Wirkung auf die potenziellen Nachahmer haben. Der Schlüssel zu einer effektiven und effizienten Klimaschutz- und Energiewende-Politik liegt in der internationalen Abstimmung und Kooperation. Ein wünschenswertes weltweites Kohlenstoff-Monopson steht aufgrund unterschiedlicher politischer und ökonomischer Interessen der maßgeblichen Staaten noch aus und ist zumindest auf absehbare Zeit nicht in Sichtweite. Als zweitbeste Lösung bietet sich eine Allianz der zum Klimaschutz willigen großen Industrie- u. Schwellenländer an (Nordhaus 2015), die untereinander eine gemeinsame Politik zur Einhaltung qualifizierter Klimaschutzziele (Paris-Abkommen) abstimmen. In diesem abgestimmten internationalen Kontext bietet sich die Rolle als relativer Vorreiter bei der Investition in Energiewendetechnologien an, so lange andere willige Akteure ähnliche Investitionen tätigen und sich damit ebenfalls an der Übernahme multipler Lernkosten beteiligen.

Deutschland kann darüber hinaus Vorbild sein bei der Wissenschaft (Entwicklung von Technologien, umweltpolitischen Instrumenten, Analyse-Tools, Governance-Konzeptionen), bei der Implementierung von Pilotprojekten (Anwendung neuer Technologien in vielfältigen Situationen und Kombinationen) und bei der möglichst effizienten Erreichung vereinbarter Klimaschutzziele durch eine gelingende politische Steuerung (Beteiligungsverfahren, Politik-Interaktion, Integration in bestehende Institutionen etc.) unter Einbezug aller wichtigen Akteure.

Was Sie aus diesem *essential* mitnehmen können

- Die Erkenntnis, dass die Energiewende erforderlich und möglich, ihre Umsetzung aber mit Schwierigkeiten behaftet und langwierig ist.
- Warum die bisherige politische Steuerung der Energiewende eher suboptimal erfolgte und wie dies verbessert werden könnte.
- Verständnis für die nächsten Schritte und weiteren Phasen.

T. Göllinger, *Energiewende in Deutschland*, essentials, https://doi.org/10.1007/978-3-658-34347-7

Literatur

Arthur, W. B. (1989). Competing technologies, increasing returns, and lock-in by historical events. *The Economic Journal,99*, 116–131.

BMWi. (Hrsg.). (2021). Die Energie der Zukunft. 8. Monitoring-Bericht zur Energiewende – Berichtsjahre 2018 und 2019. Berlin.

Da Costa Gomez, C. (2017). Zukunft Biogas: Expertengruppe erarbeitet die strategischen Eckpunkte für das neue Biogas. *Biogas Journal,4*, 82–85.

Edenhofer, O. et al. (2019). *Optionen für eine CO_2-Preisreform. MCC-PIK-Expertise für den Sachverständigenrat zur Begutachtung der gesamtwirtschaftlichen Entwicklung.* Mercator Research Institute on Global Commons and Climate Change (MCC). Berlin.

Erdmann, G., & Zweifel, P. (2008). *Energieökonomik. Theorie und Anwendungen.* Springer, Berlin.

Feess, E., & Seeliger, A. (2013). *Umweltökonomie und Umweltpolitik* (4. Aufl.). Vahlen, München.

Göllinger, T. (2001). *Strategien für eine nachhaltige Energiewirtschaft.* Shaker, Aachen.

Göllinger, T. (2012). *Systemisches Innovations- und Nachhaltigkeitsmanagement.* Metropolis, Marburg.

Göllinger, T. (2017). Übersicht und Systematik zu Skaleneffekten von Energietechnologien – Theoretisch-konzeptionelle Grundlagen. IöB-Arbeitspapier Nr. 64, Siegen 2017.

Göllinger, T. (2021a). Evolutorische Energieökonomik und Energiewende. Lehmann-Waffenschmidt & Peneder (Hrsg.), *Evolutorische Ökonomik. Konzepte, Wegbereiter und Anwendungsfelder.* Springer Gabler, Wiesbaden.

Göllinger, T. (2021b). Lernende Energieeffizienz-Netzwerke. Jeschke & Heupel (Hrsg.), *Bioökonomie – Impulse für ein zirkuläres Wirtschaften.* FOM-Edition, Springer Gabler, Wiesbaden.

Göllinger, T., & Gaschnig, H. (2016). Die Energiewende zwischen Pfadmodifikation und „Großer Transformation". Haus der Zukunft (Hrsg.), *Biokratie,* (Bd. 11, S. 39–76). Metropolis, Marburg.

Göllinger, T., & Harrer, G. (2015). Biokybernetik und Sustainability. Haus der Zukunft (Hrsg.), *Biokratie* (Bd. 12., S. 43–69). Metropolis, Marburg.

Göllinger, T., & Harrer-Puchner, G. (2021). Bioökonomie aus Perspektive der Biokybernetik. Jeschke & Heupel (Hrsg.), *Bioökonomie – Impulse für ein zirkuläres Wirtschaften.* FOM-Edition, Springer Gabler, Wiesbaden.

© Der/die Herausgeber bzw. der/die Autor(en), exklusiv lizenziert durch Springer Fachmedien Wiesbaden GmbH, ein Teil von Springer Nature 2021
T. Göllinger, *Energiewende in Deutschland,* essentials,
https://doi.org/10.1007/978-3-658-34347-7

Göllinger, T., & Knauf, J. (2018). Übersicht und Systematik zu Skaleneffekten von Energie-technologien – Empirie und Anwendungen II: BHKW. IöB-Arbeitspapier Nr. 67, Siegen 2018.

Göllinger, T., Gaschnig, H., & Knauf, J. (2018). Übersicht und Systematik zu Skaleneffekten von Energietechnologien – Empirie und Anwendungen I: Photovoltaik und Windkraft. IöB-Arbeitspapier Nr. 66, Siegen 2018.

IPCC. (Ed. 2018). Global Warming of 1.5°C. An IPCC Special Report.

Jäger-Waldau, A. (2019). *PV-status-report 2019*. Publications Office of the European Union, Luxembourg.

Jordan, A. (2012). *Die Große Transformation und ihre Feinde*. Metropolis, Marburg.

Knauf, J., & Göllinger, T. (2018). Path dependencies in the energy system. In *Conference-Paper: IEEE International Conference on Engineering, Technology and Innovation (ICE/ITMC)*.

Küchler, S., & Wronski, R. (2015). *Was Strom wirklich kostet*. Forum Ökologisch-Soziale Marktwirtschaft e.V., Berlin.

Lindblom, C. E. (1959). The Science of Muddling Through. *Public Administration Review 19*, 79–88.

Marchetti, C. (1980). Society as a learning system – discovery, invention, and innovation cycles revisited. *Technological Forecasting and Social Change,18*, 267–282.

Nitsch, J. et al. (2012).*Langfristszenarien und Strategien für den Ausbau der erneuerbaren Energien in Deutschland bei Berücksichtigung der Entwicklung in Europa und global. Schlussbericht*. Stuttgart.

Nordhaus, W. (2015). Climate clubs: Overcoming free-riding. *International climate policy. American Economic Review, 105*(4), 1339–70.

Palzer, A. (2016). Sektorübergreifende Modellierung und Optimierung eines zukünftigen deutschen Energiesystems unter Berücksichtigung von Energieeffizienzmaßnahmen im Gebäudesektor. Stuttgart.

Schwerhoff, G. et al. (2018). Leadership in climate change mitigation. Consequences and incentives. *Journal of Economic Surveys, 32*(2), 491–517.

Stern, N. (2006). *The economics of climate change*. Oxford University Press.

Ströbele, W., Pfaffenberger, W., & Heuterkes, M. (2012). *Energiewirtschaft. Einführung in Theorie und Politik* (3. Aufl.). Oldenbourg, München.

Umweltbundesamt. (UBA). (Hrsg.). (2012). Nachhaltige Stromversorgung der Zukunft. Kosten und Nutzen einer Transformation hin zu 100% erneuerbaren Energien. Dessau-Roßlau.

Vester, F. (1980). *Neuland des Denkens*. DVA, Stuttgart.

Vester, F. (1999). *Die Kunst vernetzt zu denken. Ideen und Werkzeuge für einen neuen Umgang mit Komplexität*. DVA, Stuttgart.

Wagener-Lohse, G. (2017). Welche Bioenergie brauchen wir? Ergebnisse der Werkstatt Systemanalyse. Nachhaltiges Energiesystem. *Loccumer Protokoll, 07*, 33–55.

Weimann, J. (2010). *Die Klimapolitik-Katastrophe. Deutschland im Dunkel der Energiespar-lampe* (3. Aufl.). Metropolis, Marburg.

Welfens, M. et al. (1996). „Schattensubventionen" im motorisierten Individualverkehr. In Köhn & Welfens (Hrsg.), *Neue Ansätze in der Umweltökonomie* (S. 409–447).

Printed in the United States
by Baker & Taylor Publisher Services